edition suhrkamp 2545

Wenn Juristen wie Smend, Heller oder Carl Schmitt über den Staat nachdachten, entwarfen sie dabei auch Modelle der Gesellschaft. Die Protagonisten dieser »heroischen« Phase der Staatstheorie bestimmen bis heute die Debatte, ausgerechnet Schmitt inspiriert nun Vertreter der radikalen Linken. In seinem Essay zeichnet Christoph Möllers die Geschichte dieser Disziplin in der Bundesrepublik nach. Er zeigt, dass man die Entwicklung dieser Disziplin nur verstehen kann, wenn man gesellschaftliche Prozesse im Blick behält. Dies gilt insbesondere in einer Zeit, in der sich unsere Vorstellungen von Souveränität angesichts von Globalisierung und Europäisierung radikal verändern.

Christoph Möllers

Der vermisste Leviathan

Staatstheorie in der Bundesrepublik

Suhrkamp

3. Auflage 2016

Erste Auflage 2008
edition suhrkamp 2545

Satz: TypoForum GmbH, Seelbach
Printed in Germany
Umschlag gestaltet nach einem Konzept
von Willy Fleckhaus: Rolf Staudt
ISBN 978-3-518-12545-8

Inhalt

Einleitung: Nationale Disziplin und internationale Wissenschaft 9

A. Vorgeschichten 15

I. Staatstheoretisches Selbstverständnis seit dem Kaiserreich . . 15
1. Begriffspolitische Hintergründe 15
2. Staatstheorie als wissenschaftliche Disziplin 17
3. Insbesondere: Bundesstaatstheorie 19
4. Kriegswirtschaft und Bundestreue: Übergänge im Ersten Weltkrieg 21
II. Revolution und Weimarer Republik 23
III. Nationalsozialismus 27

B. Entwicklungslinien der juristischen Staatstheorie 31

I. Die frühe Bundesrepublik 31
1. Staatstheoretische Schulen: Beispiel Religionsrecht 32
2. Staatliche Kontinuität als juristisches Problem 34
3. Die Debatte um die Wiederbewaffnung 37
4. Staatsziele und Verfassungswerte 38
5. Der kurze Abschied vom Prinzipiellen 42
II. Herausforderungen an ein geschlossenes Staatsverständnis: Sechziger bis Mitte der siebziger Jahre 44
1. Verlustbilanzen: Der Tod des Staates 44
2. Demokratisierung und Pluralisierung des Staats 47
3. Parallelen im Verwaltungsrecht 50
Arbeitsteilung zwischen Staat und Privaten 50
Modernisierung verwaltungsrechtlicher Staatskonzeptionen 52
4. Vordringen des Verfassungs- und Rückzug des Staatsbegriffs 53
5. Die erste Phase der Europäisierungsdiskussion 56

III. Renaissance und Relativierung: Von der Mitte der siebziger bis in die neunziger Jahre ... 59
1. Gesetz – Informalität – Kooperation – Vollzugsdefizit .. 59
2. Eine Konsolidierung: *Handbuch des Staatsrechts* ... 63
3. »Neue Staatswissenschaft« ... 67
4. Wiedervereinigung ... 69
5. Bewahrung der Souveränität – die Diskussion um den Maastrichter Vertrag ... 72
IV. Themen der gegenwärtigen Diskussion ... 76
1. Staatliche Binnenorganisation ... 76
Reform des Verwaltungsrechts ... 76
Reform des Föderalismus ... 80
2. Paradigmen staatlicher Gesellschaftsgestaltung ... 81
Paradigma Gewährleistung ... 82
Paradigma Risikovorsorge und Staatszweck Sicherheit .. 84
3. Supranationalität und Europäische Verfassung ... 87
4. Globalisierung ... 91
Konstitutionalisierung des Völkerrechts ... 91
Zerfaserung der staatlichen Verwaltung ... 94
Governance ... 95

C. Strukturen des Diskurses ... 97

I. Diskussionsfronten ... 97
II. Generationenabfolgen der Staatsrechtswissenschaft ... 101
III. Argumentative Funktionen des Staatsbegriffs ... 103
IV. Die institutionelle und diskursive Rolle des Bundesverfassungsgerichts ... 106
V. Staatsrechtslehre und politische Wissenschaft ... 110

D. Perspektiven einer juristischen Staatstheorie ... 113

I. Staat unter Staaten: Vergleich ... 116
II. Staatenbünde: Föderalismus ... 117
III. Legitimation des Staats: Demokratietheorie ... 118

IV. Staat als Rechtsquelle: Rechtsphilosophie 119
V. Staat als Gegenstand oder Konstrukt: Wissenschaftstheorie der Rechtswissenschaft 120
VI. Staat als Identitätsträger und als Text: Kulturwissenschaften 121

Literatur 123

Für Gerhard Möllers

Einleitung: Nationale Disziplin und internationale Wissenschaft

Phänomene, die wir mit Begriffen wie Globalisierung, Entstaatlichung oder Denationalisierung bezeichnen, begegnen uns in vielfach vermittelter und jeweils höchst unterschiedlicher Art und Weise. So erlebt jeder Staat seine eigene Form der Entstaatlichung und so hat jede wissenschaftliche Disziplin ihren ganz eigenen Zugang zu Phänomenen der Globalisierung. Manche Disziplinen – wie die Natur- und Lebenswissenschaften – betrifft die Internationalisierung nur in der Art und Weise, wie sie Wissenschaft betreiben; manche – wie die Sozial-, Kultur- und Rechtswissenschaften – auch im Gegenstand ihrer Forschung. Dieser Gegenstand ist stets – selbst wenn das konstruktivistische Paradigma insgesamt auf dem Rückzug zu sein scheint (Latour 1999) – Ergebnis einer wissenschaftlichen Konstruktionsleistung, die sich ihrerseits von Disziplin zu Disziplin unterscheidet. Das bedeutet, dass sich auf die Frage, was eigentlich damit gemeint ist, wenn das Wort »Staat« verwendet wird, keine Antwort von selbst versteht. Besonders einleuchtend ist diese Beobachtung für die Rechtswissenschaften, die nicht allein dafür berüchtigt sind, gemeinhin verständliche Begriffe sehr eigentümlich zu verwenden, sondern deren Begrifflichkeiten auch besonders durch nationale Traditionen geprägt sind. Dass der Assoziationsraum eines deutschen Juristen beim Hören des Wortes »Staat« ein jedenfalls teilweise anderer ist als der einer amerikanischen Kollegin, die das Wort »state« hört, ist klar: Demokratie- und Freiheitsverständnis, föderale Tradition und juristische Fachsprachenzusammenhänge erzeugen weitgehend unterschiedliche Bedeutungsfelder.

In dem für die deutsche Wissenschaftsgeschichte so wichtigen 19. Jahrhundert setzte sich der Begriff des Staats als zentrales wissenschaftliches Paradigma zur Auseinandersetzung nicht nur mit juristischen, sondern auch mit ökonomischen und historischen Fragen durch: Man schrieb Staatengeschichten oder Staatslehren und betrieb Staatswissenschaften. Diese Abhängigkeit vom Staatsbegriff wurde vermutlich spätestens nach dem Ersten Weltkrieg zu einem Erkenntnis-

und Modernisierungshindernis.[1] Für die Rechtswissenschaften, deren wissenschaftliche Leistungen im Deutschland der vorletzten Jahrhundertwende Weltgeltung beanspruchen konnten, gewann der Begriff Staat eine besonders herausragende Bedeutung, auf die unten noch näher einzugehen sein wird. Diese Bedeutung macht sich bis heute nicht zuletzt nominal bemerkbar. Die Wissenschaft vom öffentlichen Recht nennt sich »Staatsrecht«, ihr im Jahre 1922 gegründeter professioneller Verband »Vereinigung der Deutschen Staatsrechtslehrer«. Der Ausdruck Staatsrecht aber ist Rechtsordnungen anderer Länder, die in der Regel von *Verfassungs*recht sprechen, nicht bekannt. Ohne die Bedeutung dieser Tradition zu überschätzen, stellt sich die Frage, ob eine solche Selbstbezeichnung auch Ausdruck eines Begriffsrealismus[2] ist, der den eigenen Forschungsgegenstand »Staat« verdinglicht und schon deswegen auf Transformationen durch Internationalisierung (Hurrelmann, Leibfried u. a. 2007) mit Abwehr reagiert. Der Begriff scheint hier mehr zu suggerieren als zu erklären (Hofmann 1995: 1065).
Eine solche abwehrende Reaktion als zumindest *ein* wesentliches Charakteristikum der juristischen Staatstheorie in der Bundesrepublik gibt der vorliegenden Untersuchung ihren Titel. Das Ideal eines souveränen, also allmächtigen Staats, einer Gewalt, die sich auf Erden mit keiner vergleichen kann, wie das Zitat aus dem Buch Hiob auf dem Frontispiz des Hobbes'schen *Leviathan* lautet, und die Erfahrung eines Verlusts dieses Ideals spielen in der juristischen Staatstheorie der Bundesrepublik eine wichtige Rolle. Sei es als explizite Klage, sei es als implizite Vergleichsfolie: Im doppelten Sinne *vermisst* wird die ungebrochene Staatsgewalt. Dieser Verlusteindruck hat im deutschen System staatlicher Universitäten mit verbeamteten Hochschullehrern gerade für eine Disziplin, die auf ein *Staats*examen vorbereitet, nicht nur ideengeschichtliche Ursachen. In gewisser Weise beschreibt die Staatsrechtswissenschaft mit dem Gegenstand Staat eben auch sich selbst, und der Leviathan erweist sich als die professionelle institutionelle Heimat, deren Verlust abzuwehren oder zu beklagen ist.

1 Deutlich für die deutsche Geschichtswissenschaft: Otto Gerhard Oexle 1984.
2 Für diese Beobachtungen danke ich Oliver Lepsius.

Das vorliegende Buch zeichnet mit seiner kleinen Historie der rechtswissenschaftlichen Staatstheorie in der Bundesrepublik Deutschland also eine ganz spezifische Geschichte nach. Sein Gegenstand ist die juristische Auseinandersetzung mit dem Staatsbegriff einschließlich der allerdings seltenen Rezeption staatstheoretischer Kategorien durch die Rechtsprechung des Bundesverfassungsgerichts. Das Erkenntnisinteresse des Buchs ist zunächst deskriptiv, es geht nicht um Methodenprobleme beim juristisch »richtigen« Umgang mit der Kategorie Staat im deutschen Recht, sondern um eine Genealogie von Begriffen und Theorieelementen. Da der Begriff Staat keine rein rechtsimmanente Kategorie ist, sondern auf gesellschaftliche Zusammenhänge außerhalb der Rechtsordnung verweist, darf die Darstellung nicht rechtsintern bleiben. Vielmehr wird sie namentlich nach Anschlussdiskussionen mit den Politikwissenschaften suchen. Dabei kann das Buch nicht erst bei seiner eigentlichen Untersuchungsperiode seit Gründung der Bundesrepublik beginnen. Ein Verständnis der Diskussion hat vielmehr zunächst kursorisch verschiedene »Vorgeschichten« aufzuarbeiten, die bis an das Ende des Kaiserreichs zurückführen (A.). Auf dieser Grundlage wird im Hauptteil des Buches nach einem Blick auf die frühe Bundesrepublik (I.) ein erster Schwerpunkt der Darstellung auf den semantischen und politischen Herausforderungen an ein überliefertes Staatsverständnis liegen, die in den sechziger und siebziger Jahren in die Debatte kamen (II.). Dieser den Staatsbegriff zumeist kritisch bewertende Diskussionsstrang wurde seit den späten siebziger Jahren von einer staatsaffirmativen Linie überlappt, die den Versuch unternahm, den Begriff sowohl institutionell als auch wissenschaftsdisziplinär in den Mittelpunkt der wissenschaftlichen Diskussion des öffentlichen Rechts zu bringen (III.). Mit der Vorstellung des aktuellen Diskussionsstands (IV.) endet der Hauptteil. Das Buch schließt mit dem Versuch, die historische Darstellung nach Strukturmerkmalen zu ordnen (C.) und Zukunftsperspektiven für die juristische Staatstheorie zu eröffnen (D.).

Diese kleine Geschichte der juristischen Staatstheorie verfolgt drei aufeinander aufbauende Ziele:

Zum Ersten soll es denen als Vademecum dienen, die sich in die staatstheoretischen Diskussionen des öffentlichen Rechts einarbeiten wollen. Auch aus diesem Grund ist das Literaturverzeichnis vergleichsweise ausführlich gehalten.

Zum Zweiten ist aus der vorliegenden Geschichte zwar nicht unmittelbar zu lernen – trotzdem versucht das Buch Perspektiven für eine Fortentwicklung dessen vorzuschlagen, was einmal juristische Staatslehre gewesen ist, es unter heutigen Bedingungen aber nicht mehr bleiben kann.

Zum Dritten erscheint der juristische Umgang mit staatstheoretischen Fragen von ganz eigenem Interesse, denn Rechtswissenschaftler arbeiten zwar nicht empirisch, doch stehen sie durch den Umgang mit positivem Recht gesellschaftlichen Entwicklungen praktisch sehr nah. Juristische Aussagen zur Entwicklung staatlicher Herrschaft sind deshalb nicht zwingend von geringerem Beschreibungswert als die anderer gesellschaftswissenschaftlicher Disziplinen. Die vorliegende Geschichte einer national geprägten Rechtswissenschaft beobachtet den Staat durch eine mehrfach gebrochene Linse und reflektiert die Konstruiertheit des Gegenstands Staat bereits in der Darstellung. So gesehen versteht sich das vorliegende Buch als ein Beitrag zur Geschichte der Globalisierung aus der Perspektive einer nach wie vor international einflussreichen rechtswissenschaftlichen Diskussion.

Eine letzte Vorbemerkung: Die folgende Darstellung ist, das versteht sich von selbst, nur *eine* mögliche Geschichte ihres Gegenstandes.[3] Auswahl und Bewertung hängen an bestimmten Vorverständnissen des Verfassers, von denen eine vorab explizit gemacht werden soll: Selbst nach Inkrafttreten des Grundgesetzes stellte der Umgang mit einer *demokratischen* Rechtsordnung für die Staatsrechtslehre keine Selbstverständlichkeit dar. Das Erbe der Monarchie, das Thomas Ellwein früh (1954) ebenso glänzend wie einflusslos analysiert hat, blieb mächtig und bis in die Gegenwart sind seine Spuren in der Diskussion zu erkennen. Die Überzeugung des Autors von der auch noch aktuellen Bedeutung dieses Mankos für die Disziplin prägt die Perspektive des Buches.

3 Für eine wichtige und aktuelle andere: Rainer Wahl (2006), guter Überblick bei Walter Pauly (2007), für das Verwaltungsrecht Christian Bumke (2004).

Wilhelm Bleek, Michael Heinig, Oliver Lepsius, Isabelle Ley, Andreas Voßkuhle und Rainer Wahl haben sich mit dem vorliegenden Text auseinandergesetzt und wichtige Hinweise und Ratschläge gegeben. Das Buch entstand aus einem Projekt für den Sonderforschungsbereich 597 »Staatlichkeit im Wandel« in Bremen. Ohne die Anregung und Begleitung von Stephan Leibfried wäre es nicht entstanden. Der intensiven Verbesserung durch Monika Sniegs und Oliver Buntrock in Bremen sowie Wiebke Frey und Johannes Bethge in Göttingen verdankt der Text besonders viel. Ihnen allen sei herzlich gedankt.

A. Vorgeschichten

I. Staatstheoretisches Selbstverständnis seit dem Kaiserreich

1. Begriffspolitische Hintergründe

Die staatstheoretische Diskussion des 19. Jahrhunderts ist vom Prozess der schrittweisen, immer wieder unterbrochenen Verrechtlichung der monarchischen Herrschaft geprägt (Boldt 1990). Anders als in der amerikanischen und der französischen Tradition war die Konstitutionalisierung hoheitlicher Herrschaft nicht das Ergebnis einer demokratischen Revolution, in der sich ein Volk als Herrschaftssubjekt selbst neu *begründete.*[1] Vielmehr wurde die Konstitutionalisierung als *Begrenzung* einer bereits bestehenden Herrschaft in einem allmählichen, permanent umstrittenen und mit vielen Rückschritten belasteten politischen Konflikt verstanden. Die Idee einer demokratischen Revolution spielte in der Staatsrechtswissenschaft in Deutschland vor und nach 1848 nur eine geringe Rolle. Die deutsche Geschichte kennt keine Jakobinische Staatsrechtswissenschaft. Das Vorbild lag in England, aber bereits vor 1848 mit deutlich parlamentskritischer Ausrichtung (Boldt 1980). Nach 1848 ging es verfassungspolitisch nur noch um Herrschaftsbegrenzung – nicht um Herrschaftsbegründung – durch Recht unter dem Stichwort des Aufbaus der Rechtsstaatlichkeit (Brandt 1968; Boldt 1975), also einer gerichtlich kontrollierten, aber nicht demokratisch legitimierten politischen Ordnung.

Für die Verwendung des Staatsbegriffs, der dem kontinentaleuropäischen Sprachgebrauch näher lag als dem angloamerikanischen (Dyson 1980), hatte dies in Deutschland[2] ganz entscheidende Folgen. Die Kategorie »Staat« wurde mit der bereits bestehenden monarchi-

1 Zu den beiden Traditionen siehe Hannah Arendt (1963).

2 Zum interessanten Vergleich mit Frankreich siehe Christoph Schönberger (1999: 111).

schen Herrschaftsorganisation identifiziert, welcher im allmählichen Prozess der Verrechtlichung gewissermaßen nur ein neues Kleid übergeworfen wurde (Brandt 1968: 46). Das bedeutete: Der Staat war für den Mainstream der juristischen Staatstheorie des 19. Jahrhunderts nichts anderes als ein Synonym für die monarchische Exekutive, die sich im Medium des Rechtsstaates bestimmten Selbstbindungen unterwarf (Kersten 2000), von denen sie sich im politischen Notfall schnell wieder befreien konnte. Die Souveränität des allmächtigen Staats gestattete es eigentlich nicht, diesen an Normen zu binden. Aus diesem Grund mussten Rechtspflichten des Staats als *Selbstbindung* verstanden werden, von denen er sich wieder löste, wenn der Ernstfall es forderte. Carl Schmitts berühmtes Diktum, dass souverän sei, »wer über den Ausnahmezustand entscheidet«, wurde zwar in den zwanziger Jahren formuliert, passt sich aber voll in die staatstheoretische Gedankenwelt des Kaiserreichs ein. Die demokratische Repräsentation in Vertretungen und Parlamenten war umgekehrt nicht als ein Teil des Staats zu verstehen, sondern als eine von außen kommende Vertretung der Gesellschaft konzipiert (Schönberger 1997). Politik im Sinne einer öffentlichen Auseinandersetzung um die Berücksichtigung von Interessen bei kollektiven Entscheidungen verstand sich dadurch als ein außerstaatliches Phänomen, als Ausdruck gesellschaftlicher Ungeordnetheit im Unterschied zur Rationalität des wohlverwalteten Rechtsstaats. In der Trennung von Staat und Gesellschaft erkannte die konservative Mehrheit der Staatsrechtslehre des Kaiserreichs das Gegenüber von kompetenter bürokratischer Herrschaft und bedrohlicher, irrationaler Massenmobilisierung, von Rechtsstaatlichkeit und Demokratie, in dem es nicht schwer schien, sich auf die »rechte« Seite zu schlagen. Die Überschätzung der praktischen Leistungsfähigkeit exekutiver Bürokratie und die Unterschätzung parlamentarischer Politik, die Max Weber schon zu Ende des Kaiserreichs schonungslos aufdeckte (Weber 1918: 306), war sorgfältig in eine Tiefengrammatik der staatstheoretischen Begriffsbildung eingebettet, die Staatlichkeit und Bürokratie in eins setzte.

2. Staatstheorie als wissenschaftliche Disziplin

Die große Zeit der Allgemeinen Staatslehre als eines Genres, das verschiedene Wissensbestände über den Staat in einem Werk synthetisierte, war bereits zu Beginn des Kaiserreichs lange vorbei (Möllers 2006a). Staatslehren blühten als wissenschaftliche Form im Vormärz (Boldt 1975), zu einer Zeit, in der sich politische Anliegen mit historischer und sozialer Beschreibung und juristischen Fragestellungen noch methodisch schlüssig zusammenbinden ließen, weil sich die Disziplin des öffentlichen Rechts noch nicht argumentativ verselbstständigt hatte.

Fast parallel mit der Gründung des Kaiserreichs hatte sich die Wissenschaft vom öffentlichen Recht erfolgreich um die Entwicklung einer eigenen Methode bemüht. Damit lag sie im Trend einer maßgeblich durch die neukantianische Wissenschaftstheorie inspirierten Ausdifferenzierung wissenschaftlicher Arbeit. Zudem holte sie den Methodenvorsprung des Zivilrechts langsam auf – oder anders formuliert: Sie orientierte sich weniger an den entstehenden Sozialwissenschaften oder der Geschichtsschreibung als an den großen, auch internationalen Erfolgen der deutschen Privatrechtswissenschaft (Wilhelm 1958). Die Bewertung dieser Ausdifferenzierung, die jedenfalls nicht so wissenschaftlich-unpolitisch vor sich ging, wie die damaligen Protagonisten behaupteten, ist bis heute in der Verfassungsgeschichtsschreibung heftig umstritten.[3] Mit dem Namen des führenden Staatsrechtlers des Kaiserreichs, Paul Laband, verbindet sich nämlich beides. Einerseits die Konsolidierung eines eigenen Rechtskorpus des Staatsrechts des Deutschen Reichs und die Entwicklung einer juristischen Methode des öffentlichen Rechts, die sich ausdrücklich von anderen Disziplinen und von moralischen oder wirtschaftlichen Zweckbetrachtungen lossagt.[4] Andererseits eine wirksame, wenn auch sorgsam verdeckte politische Legitimationsstrategie, in der die be-

3 Siehe hierzu Walter Pauly (1993: 178, insbes. Anm. 38; 245); ähnlich wohl auch Michael Stolleis (1992: 343 ff.).

4 Die bekannte Äußerung: Paul Laband (1888: S. X ff.). Dazu die Analysen bei Ortrun Fröhling (1967, S. 35 ff.) und zum Kontext Thomas Ellwein (1954).

griffsimmanent scheinende juristische Konstruktionsleistung nicht zufällig in schöner Regelmäßigkeit Ergebnisse hervorbringt, die einen monarchischen Zentralismus unterstützen, die also auf der Seite des »Staats« bleiben. Für die wissenschaftliche Form der »Allgemeinen Staatslehre« oder für andere Formen einer übergreifenden Auseinandersetzung mit Staatlichkeit war in dieser Landschaft wenig methodischer Raum.

So ist es kein Zufall, dass staatstheoretische Fragestellungen erst zu einem historischen Punkt eine kleine wissenschaftliche Renaissance erlebten, an dem mit der politischen Geschlossenheit des Kaiserreichs die Geschlossenheit der Labandschen Methode in Frage stand (Korioth 1992: 212). Um die vorletzte Jahrhundertwende wuchs das wissenschaftliche Interesse an Fragestellungen, die über den »Staatswillenspositivismus«[5] hinausgehen. Ob man von der so entstehenden Blüte der Form der Allgemeinen Staatslehre um 1900 allzu viel erinnern würde, wenn nicht einer aus der überschaubaren Zahl der Autoren[6] Georg Jellinek gewesen wäre, ist trotzdem durchaus fraglich. Seine *Allgemeine Staatslehre*, stellte jedenfalls eine Art Vorwärtsverteidigung des Labandschen Paradigmas dar (Kersten 2000). Sie nahm die Ausdifferenzierung der juristischen Methode ernst, versuchte diese aber auf einem methodisch überzeugenden Weg mit der »faktischen« Betrachtung des Staats durch Geschichtswissenschaften und aufkommende Soziologie im ständigen Gespräch mit Max Weber zu verbinden (Breuer 1999). Freilich: Weber und Laband waren einzeln so interessant wie methodisch inkommensurabel. So entstand ein großes Buch voller interessanter Einzelbeobachtungen, dessen zentrales methodisches Anliegen, die neue Wissenschaft vom positiven Recht mit den sozialen und historischen Grundlagen des Staats zu verknüpfen, als gescheitert gelten muss. Die Ausdifferenzierung der juristischen Disziplin war nicht rückgängig zu machen. Eine politische Theorie des Kaiserreichs aber, das weder eine alte Monarchie noch eine konstitutionelle Demokratie war, die einen theoretischen Hintergrund hätte bieten können, stand nicht zur Verfügung. Jelli-

5 Ausdruck bei Hauke Brunkhorst (2003: 362).
6 Zu den anderen: Gangolf Hübinger (1988: 143) und Thomas Duve (1998).

nek brachte mit seiner Theorie der Selbstbindung des Staates das Machtstaatsbewusstsein der Wilhelminischen Epoche auf einen griffigen theoretischen Nenner, ohne darüber hinauszukommen.

3. Insbesondere: Bundesstaatstheorie

Die Gründung des Deutschen Reichs stellte die juristische Staatstheorie vor einige theoretische Herausforderungen.[7] Die Bedeutung der Ereignisse musste angemessen begrifflich eingefangen werden, ohne den politischen und juristischen Status der Gliedstaaten zu stark zu relativieren. Dies war nicht notwendig, weil Preußen unter diesen eine weiterhin zentrale, ja innerhalb der Reichsverfassung geradezu hegemoniale Rolle spielte (knapp Nipperdey 1992: 85ff.), sondern auch, weil sowohl die fortbestehende dynastische Legitimität der Fürsten als auch die andauernde Bedeutung der gliedstaatlichen Exekutiven, auf die sich das als Gesetzgebungsmaschine konzipierte Reich stützte, es nicht gestatteten, die Rolle zu marginal werden zu lassen. Dieses Problem wurde durch einen juristischen Kunstgriff gelöst, von dem das Verfassungsrecht bis heute zehrt und unter dem es bis heute leidet: die Unterscheidung zwischen Staatlichkeit und Souveränität.[8] Während die Glieder ihre Staatlichkeit behalten durften, damit die Fürsten Fürsten bleiben konnten, kam dem Reich zusätzlich eigene Souveränität zu, die nicht zuletzt daran zu erkennen war, dass die Kompetenzverteilung zwischen Reich und Ländern durch eine Änderung der Reichsverfassung gegen den Widerstand einzelner Länder verändert werden konnte.[9]

Die völkervertraglichen Wurzeln der Verfassungsentstehung, in denen die Gliedstaaten die Schöpfer des Reiches waren, wurden unter diesen begrifflichen Konstruktionen wie unter einer sehr zügigen »inneren Reichsgründung«[10] erstaunlich schnell zulasten der Glied-

7 Zeitgenössische Darstellung bei: Siegfried Brie (1874).
8 Namentlich Georg Jellinek (1882).
9 Zur Diskussion knapp: Peter Lerche (1995: 409).
10 Im intrabundesstaatlichen Vergleich Siegfried Weichlein (2004).

staaten begraben.[11] Zugleich gestattete es die Beibehaltung des Staatsbegriffs auf zwei Ebenen, Reich und Gliedstaaten gegenüber anderen politischen Ebenen, etwa der kommunalen Selbstverwaltung, zu privilegieren.[12] Die Vermutung liegt deswegen nicht fern, dass der Mainstream der deutschen Bundesstaatstheorie spätestens seit der Gründung des Kaiserreichs nicht mehr an föderaler Vielfalt interessiert war,[13] sondern daran, die politisch auffällig reibungslos verlaufende Zentralisierung zugunsten des Reichs zu rechtfertigen. Dass die beiden Gründerfiguren des Staatsrechts und des Verwaltungsrechts, Paul Laband und Otto Mayer, Professoren an der Straßburger Universität waren, im dem Reich unmittelbar zugeordneten Elsass-Lothringen, dürfte ihr ausgeprägt anstaltlich-zentralistisches Denken nicht unberührt gelassen haben. Die von Konrad Hesse viele Jahrzehnte und drei politische Systeme später diagnostizierte Form des »unitarischen Bundesstaats« hat hier ihre Wurzeln (Hesse 1961).

Mit der Gründung des ersten Bundesstaats ging es mit dem deutschen Föderalismus in einem anspruchsvoll verstandenen Sinne zu Ende. Die von Bismarck kunstvoll organisierte exekutive Verflechtung von Preußen und Reich diente zudem, verstanden als »typisch deutsche« Form der Bundesstaatlichkeit, der Wissenschaft als ein wichtiges Argument gegen die Einführung einer parlamentarischen Verantwortung des Reichskanzlers: Durch die Verflechtung der Reichsleitung mit der preußischen Verwaltung und mit dem Bundesrat war es möglich, die politische Verantwortlichkeit der Reichsexekutive bundesstaatlich zu kanalisieren (Möllers 1997: 81ff.). Ein echtes Interesse an der politischen Bedeutung einer bundesstaatlichen Ordnung, insbesondere ihrer Interdependenz mit dem Parteiensystem des Kaiserreichs, fehlte dagegen – mit einer allerdings bedeutenden Ausnahme (Triepel 1917) – in der staatsrechtlichen Diskussion der Zeit weitgehend.

Erstaunlicherweise sind die Begrifflichkeiten der kaiserreichlichen Bundesstaatslehre, namentlich die Unterscheidungen zwischen Staat-

11 Vgl. zur zeitgenössischen Kritik Albert Hänel (1873).
12 Als Kritiker Hugo Preuß (1889).
13 Nicht zufällig von einem Schweizer, Anton R. Greber (2000), entwickelt.

lichkeit und Souveränität und zwischen Staatenbund und Bundesstaat, nachdem sie schon in der Weimarer Republik vernichtender Kritik fast aller bedeutenden Staatstheoretiker ausgesetzt waren,[14] relativ unbeschadet in die Bundesrepublik übernommen worden.[15] Sie werden uns bei der Debatte um die europäische Integration wieder begegnen. Dass mit ihnen zunächst nur eine spezifische institutionelle Konstellation, nämlich der Übergang vom Deutschen Bund zum Deutschen Reich unter den Bedingungen fortgesetzter Staatlichkeit der Glieder, beschrieben werden sollte, geriet schnell in Vergessenheit, und die Staatsrechtslehre der Bundesrepublik behandelte diese Kategorien lange als geschichtslose Universalien.

4. Kriegswirtschaft und Bundestreue: Übergänge im Ersten Weltkrieg

Der Erste Weltkrieg scheint verschiedene Entwicklungen des Staates beschleunigt zu haben. Während manche Fragen der politischen Geschichte – etwa, ob wir vor dem Ersten Weltkrieg einen Trend zur Parlamentarisierung des Reichs erkennen können – in der politischen Institutionengeschichte umstritten bleiben,[16] sind zumindest zwei Tendenzen relativ klar: Zum Ersten entsteht ein Kriegswirtschaftsverwaltungsrecht, das vielfache Verbindungen zwischen der formell privaten Wirtschaft und der staatlichen Verwaltung schafft. Vor dem Hintergrund eines durchaus planwirtschaftlichen Modells[17] entwickeln sich Regulierungsstrukturen, die die deutsche Staatstheorie bis in die Gegenwart beschäftigen sollten (Stolleis 1989: 129). Zum Zweiten bilden sich während des Krieges in der Staatspraxis des Reichs informelle, in der Reichsverfassung nicht vorgesehene Kon-

14 In ungewohnter Eintracht kritisch mit den herrschenden Begrifflichkeiten: Hermann Heller (1927: 110ff.); Hans Kelsen (1925: 194); Adolf Merkl (1921: 336f.); Carl Schmitt (1931: 94ff., 96); Rudolf Smend (1994: 223ff.).

15 Grundsätzliche Kritik auch mit Blick auf die Europäische Integration bei Christoph Schönberger (2004: 81).

16 Zur Diskussion siehe Schönberger (2001: 623).

17 Dafür steht der Name Walther Rathenau.

sultationsstrukturen zwischen dem Reich und den Gliedstaaten heraus, die für die weitere Entwicklung des Staatsrechts durchaus paradigmatische Bedeutung bekommen.[18] Informales Staatshandeln wurde zum ersten Mal zu einem Thema des Fachs. Die Anerkennung von Praktiken der Staatsorganisation, die einerseits einer bestimmten Logik folgen, also nicht einfach als chaotisch oder anarchisch zu bezeichnen sind, die aber den geschriebenen Regeln des Verfassungsrechts nicht entsprechen oder sogar gegen diese verstoßen, war eine folgenreiche Einsicht in die »Realität« des Verfassungsrechts, die nicht vergessen wurde.

18 Grundlegend beobachtet und begrifflich formuliert bei Rudolf Smend (1994: 39); dazu Stefan Korioth (1990).

II. Revolution und Weimarer Republik

Das Ende des Ersten Weltkriegs hielt für die Staatstheorie eine Erfahrung bereit, die nicht nur politisch, sondern auch theoretisch von größter Bedeutung war. Die politische Ordnung des Kaiserreichs wurde beendet und mit ihr die Reichsverfassung aufgehoben. Viele institutionelle Strukturen wie auch ein nationales Selbstverständnis blieben dagegen erhalten. Dieses Nebeneinander von Revolution und Kontinuität bedurfte der Beschreibung. Mit der Unterscheidung zwischen der politische Veränderungen überlebenden »Staatlichkeit« Deutschlands und der diese Veränderung gerade zum Ausdruck bringenden »Verfassung«, die in der oben beschriebenen monarchischen Staatskonzeption des 19. Jahrhunderts ja bereits angelegt war, wurde ein solches begriffliches Raster geliefert.[19] Diese Unterscheidung, die in vieler Hinsicht zu einer Eigenheit und einem Erkenntnishindernis der folgenden deutschen Staatstheorie wurde, wurzelte in einem durchaus legitimen Beschreibungsbedürfnis.

Aber was genau wurde durch den Staatsbegriff als »bleibend« beschrieben? Neben der gesellschaftlichen Selbstbeschreibung einer kollektiven nationalen Identität, die freilich stets kleindeutsch-preußisch verstanden werden konnte und deren Bedeutung für die Wissenschaft vom öffentlichen Recht unklar war,[20] bleibt zunächst das Völkerrechtssubjekt »Deutsches Reich«, das für die ihm zurechenbaren Handlungen im Ersten Weltkrieg durch den Versailler Vertrag zur Verantwortung gezogen wurde. Völkerrechtlich hatte die staatliche Kontinuität also eine durchaus präzise juristische Bedeutung.

Nach innen dagegen waren rechtliche Kontinuitäten im Ganzen schwerer zu erfassen, obwohl natürlich große Teile des einfachgesetzlichen Rechts des Kaiserreichs in Kraft blieben. Wie schon im Kaiserreich schien der Blick auf die Exekutive die entscheidende Perspektive

19 Zur zeitgenössischen Diskussion dieser Kontinuität: Gerhard Anschütz (1932: 8 ff.); Hans Herz (1931: 26 ff.).

20 Gerade das Werk von Rudolf Smend mag man allerdings als einen Versuch verstehen, das anders zu konstruieren.

zu bieten. Die Kontinuitäten von Verwaltung und Justiz nach dem Wechsel von der Monarchie zur Republik sind vielfach beschrieben worden, etwa in ihrem herablassenden Umgang mit den neu zusammengesetzten Parlamenten (Witt 1983: 117, 139). Für die konservative Staatstheorie funktionierte die Begriffsbildung damit als eine Art institutionelle *self-fulfilling prophecy*. Die vermeintlich unpolitische Kontinuität des staatlichen Apparats wurde zugleich gerechtfertigt und als Bestätigung des eigenen Verständnisses von Staatlichkeit aufgefasst. Kritiker, die wie Hans Kelsen sowohl nach dem Ersten als auch nach dem Zweiten Weltkrieg die Identität von Verfassung und Staat zu begründen suchten, blieben Außenseiter. Seinen bekanntesten Ausdruck fand ein solches Verständnis in den Worten Otto Mayers, dem Begründer des Verwaltungsrechts des Kaiserreichs, der die dritte und letzte Auflage seines Lehrbuchs des Verwaltungsrechts, die zugleich die erste Auflage nach der Revolution war, im Jahre 1924 mit den Worten beginnen konnte: »Viel ist in der Zwischenzeit nicht geschehen. Verfassungsrecht vergeht, Verwaltungsrecht besteht.« (Mayer 1924: Vorwort; dazu Reimund Schmidt-De Caluwe 1999).

Die politischen Ungewissheiten der Weimarer Republik sowie die allgemeine Unsicherheit über Wert und Bedeutung einer demokratischen Verfassungsordnung[21] führten zu einer unbekannten und unwiederholten Blüte der juristischen Staatstheorie. Als »Staatslehre« bezeichnete sie sich freilich nur noch selten. Der Begriff der Verfassung rückte statt dessen ins Zentrum der Diskussion und damit zugleich der Anspruch der Staatsrechtswissenschaft, in das politisch-juristische Geschehen der Weimarer Republik stärker einzugreifen, als dies bei den häufig rein begrifflichen Debatten der Staatstheorie des Kaiserreichs der Fall gewesen war. Die kanonisierten Weimarer Texte, die mit Hans Kelsens *Allgemeiner Staatslehre* (1925) beginnen, auf welche Rudolf Smend (1927), Carl Schmitt (1928) und Hermann

21 Anders als von Kurt Sontheimer formuliert, wird man konservative und anti-parlamentarische Strömungen in der Weimarer Republik nicht unbedingt als anti-demokratisch bezeichnen können, sondern eher fragen müssen, welche Konzepte von Demokratie auch im übrigen Europa der Zwischenkriegszeit denkbar waren. Dazu die Beiträge in Christoph Gusy (2000).

Heller (1934) kritisch reagieren, beeindrucken – bei aller notwendigen Kritik und Historisierungsbedürftigkeit – bis heute durch die Selbstverständlichkeit, mit der sie methodenbewusst, interdisziplinär und rechtsvergleichend argumentieren, ohne konkrete Rechtsprobleme aus dem Auge zu verlieren.
Dabei ist der Kontrast zur bundesrepublikanischen Staatsrechtslehre noch deutlicher als der zur Wissenschaft des Kaiserreichs. So ist es kein Zufall, dass aus der Doktorandengeneration der genannten Autoren maßgebliche Figuren der *Politik*wissenschaft der zweiten Nachkriegszeit hervorgingen. Hellers wirklichkeitsorientierte Staatstheorie diente als Orientierungspunkt (Bleek 2001: 216ff.). Aber trotz aller politischen Unterschiede war auch das Schmittsche Interesse an »konkreten« Machtkonstellationen nicht völlig irrelevant für die Disziplin. Wenn diese methodische Ausrichtung mit politischer Exilierung durch den Nationalsozialismus zusammenfiel, lag es wissenschaftlich nahe, eine rechtsrealistische Sicht mit einem angelsächsischen Sinn für empirische Forschung oder mit Vergleichsperspektiven zu verbinden: Ernst Fraenkel, Hans Morgenthau, Arnold Brecht oder Franz Neumann sind als Beispiele für solche Forschungen zu nennen.
In fester Kontinuität zum Kaiserreich operierten wesentliche Teile der Weimarer Staatsrechtslehrer mit der Unterscheidung von Staat und Gesellschaft, die sich im politischen Gegeneinander von Exekutive und Parlament institutionalisierte. Die Disziplin optierte in ihrer konservativen Mehrheit für den »Staat«, konkret für die Regierung und vor allem den Präsidenten, gegen den Reichstag, also gegen die starke parlamentarische Seite der Weimarer Verfassung. Die Sicherung der institutionellen Integrität der Exekutive wurde gegen den Wortlaut der Verfassung gewendet, beispielsweise um das Notverordnungsrecht des Reichspräsidenten besonders weit zu interpretieren. Dieses Vorgehen war freilich weder eine deutsche Besonderheit noch die einzige in der Diskussion vorkommende Option. So kannte die französische staatstheoretische Debatte der Zwischenkriegszeit ein ähnliches Neben- und Gegeneinander von Staat und Verfassung mit entsprechenden juristischen Implikationen zugunsten der Exekutive und zulasten des Parlaments. In den politischen Wirren parlamenta-

rischer Auseinandersetzungen sah man die politische Ordnung bedroht, die nur vom Staat, also der Exekutive, bewahrt werden konnte (Bates 2005: 69). Zudem arbeiteten Autoren wie Heller und Kelsen, auf jeweils ganz unterschiedlicher methodischer Grundlage, ihrerseits an einer Re-Definition von Staat und Staatslehre. Kelsen integrierte demokratietheoretische Einsichten, um die Gesetztheit und Abänderbarkeit des modernen Rechts mit der Kontingenzoffenheit parlamentarischer Entscheidungsfindung zu verbinden (Kelsen 1920; dazu Jestaedt/Lepsius 2006). Heller operierte mit Hilfe eines sozialstaatlich erweiterten Republikanismus, der sich der Unterscheidung zwischen Staatstheorie und politischer Überzeugung konsequent verweigerte (Llanque 2005).

Anstatt die Weimarer Staatstheorie auf das Scheitern der Weimarer Republik zu reduzieren, sollte man sie daher besser als das Laboratorium einer demokratisch-rechtsstaatlichen Demokratietheorie verstehen, deren brauchbare Beiträge sich nicht auf Autoren beschränken, die – nach heutigem Verständnis – Demokraten waren. Dies wird besonders deutlich an der Rolle Rudolf Smends, der in der Weimarer Republik sicher kein republikfreundlicher Autor gewesen war, dessen korporatistisches Verfassungsverständnis sich aber in der Bundesrepublik pluralistisch umdeuten oder weiterentwickeln ließ.

III. Nationalsozialismus

Die Staatsrechtslehre der Weimarer Republik war in ihrer überwältigenden Mehrheit national-konservativ, doch bis zu ihrem Ende nur zu einem verschwindenden Teil ausdrücklich nationalsozialistisch.[22] Damit gehörte sie zu jenem gewichtigen Teil von Funktionseliten – etwa in der Beamtenschaft, unter Richtern oder im Militär –, die vom Nationalsozialismus überzeugt werden mussten, aber – nicht zuletzt durch gezielte Anleihen der Nationalsozialisten bei Traditionen des Preußentums (Blasius 2000) – schnell überzeugt wurden. Von den Glanzlichtern der Weimarer Diskussion wurden zwei ins Exil getrieben (Kelsen, Heller), einer zog sich in Göttingen weitgehend zurück (Smend) und einer setzte zu einer großen politischen Karriere an, die freilich schon 1936 durch eine Intrige beendet wurde (Schmitt). Schmitt blieb aber durchgehend doppelt präsent: zum Ersten durch einen von ihm beeinflussten aufstrebenden Nachwuchs (Ernst Forsthoff, Ernst-Rudolf Huber, Werner Weber); zum Zweiten durch seine späteren Beiträge zur Theorie des Völkerrechts. Unter denjenigen, die nicht aus politischen oder rassischen Gründen aus Deutschland vertrieben wurden, gab es entsprechend kaum Fälle eines – sei es nur verdeckten – Widerstands, sondern neben Versuchen theoretischer Entfaltung einer nationalsozialistischen Staatstheorie allenfalls den Rückzug in »unpolitische« Themen, etwa in die Verfassungsgeschichte oder die Rechtsvergleichung.[23]

Die hier interessierende Kategorie des Staats blieb für die nationalsozialistische Herrschaft durchaus ambivalent – ein Umstand, der sich in zeitgenössischen Beiträgen deutlich niederschlägt: Denn auf der einen Seite organisierte der Nationalsozialismus eine beispiellose Entfesselung hoheitlicher Herrschaft, also etwas, das der Staatsrechtler Ernst Forsthoff bald zustimmend als »totalen Staat« bezeichnete (Forsthoff 1933). Auf der anderen Seite ließ sich diese Herrschaftsform nicht mehr in die aus dem Kaiserreich überlieferten und in Wei-

22 Das notorische Beispiel eines Anhängers vor 1933 ist Otto Koellreutter.

23 Ein für das Grundgesetz wichtiger Autor ist insoweit Hermann v. Mangoldt.

mar zum Teil noch hochgehaltenen staatstheoretischen Begrifflichkeiten bringen. *Nach innen* zeigte sich dies ganz deutlich in der Rolle der NSDAP und – komplementär – in der politisch nur sehr selektiven Bedeutung von Rechtsformen für den Nationalsozialismus (Fraenkel 1974). Überlieferte Rechtsformen wie auch bestehende Gesetze aus Republik und Kaiserreich oder das Gerichtsysstem wurden im Nationalsozialismus nicht aufgegeben; vielmehr entstand ein Nebeneinander von altem Justizapparat und politischen Institutionen. Gerichte erfüllten ihre Funktion, beispielsweise im Zivilrecht, das aber im Zweifel »rassistisch« ausgelegt wurde, und sie wurden durch die Institutionen politischen Terrors ergänzt.

Diese Relativierung der Formen erzeugte in der Staatsrechtswissenschaft zunächst ein Unbehagen, das sich früh in einer heute etwas surrealistisch wirkenden Diskussion um die Bedeutung der Rechtsstaatlichkeit im Nationalsozialismus ventilierte. Aber mit de-formalisierenden Kategorien wie »Volk« oder »Führer« ließ sich andererseits eine öffentlich-rechtliche Theorie nationalsozialistischer Herrschaft errichten, die gerade auf Rechtsformen verzichten konnte (Huber 1939). Solche Kategorien lagen in einer entsprechenden Verwendung bereits in der Weimarer Staatsrechtslehre bereit (Lepsius 1994). Man kann dies durchaus im Sinne eines Sieges eines politischen Verfassungskonzepts (Verfassung als »politische Grundentscheidung eines Volkes«, Schmitt) nicht nur über die Rechtsordnung, sondern auch den Institutionenapparat verstehen, der bis dahin mit dem Begriff »Staat« identifiziert worden war. *Nach außen* stellte spätestens die nationalsozialistische Eroberungspolitik die Kategorie des Staats in Frage. Seit Beginn des Zweiten Weltkriegs wurden ausdrücklich imperialistisch ausgerichtete Gegenkonzepte wie der Großraum entwickelt (Gruchmann 1962). In beiden Fällen reichte der Begriff des Staats offensichtlich nicht aus, um die nach allen Seiten ausgreifende nationalsozialistische Herrschaftsform und die Rolle der NSDAP als ihr Movens zu beschreiben.[24]

24 Problematisch erscheint es umgekehrt davon zu sprechen, der Staatsrechtswissenschaft sei im Nationalsozialismus der Gegenstand abhanden gekommen, so als enthalte der Begriff selbst einen Schutz gegen einen bestimmten Grad an Totalitarismus (so wohl Horst Dreier 2001: 9).

Neue Begriffsprägungen, die von viel größerem Einfluss auf Diskussionen in der späteren Bundesrepublik waren, fanden sich im *Verwaltungs*recht. Hier ging es etwa darum, den Zugriff des Staats auf bestimmte Güter sicherzustellen. Das geschah sowohl aus militärischen Gründen als auch, um den Teil der Bevölkerung, der nicht politisch verfolgt wurde, zu versorgen. Anlässlich der Diskussion um die Verstaatlichung der Energieversorgung erfand wiederum Ernst Forsthoff – einen Begriff von Karl Jaspers aufgreifend – das Konzept der »Daseinsvorsorge«,[25] um diese sozialstaatlichen Aufgaben der Verwaltung zu beschreiben, für die wiederum ein geringerer Grad an Rechtsbindung kennzeichnend war. Dieses Interesse der Verwaltungsrechtswissenschaft an sozialstaatlichen Strukturen war relativ neu. Traditionell hatte sich die Disziplin vornehmlich mit Verwaltungstypen beschäftigt, die keine Leistungen bereitstellten, sondern in Rechte eingriffen und deswegen rechtsstaatlicher Einhegung bedurften.
Entgegen einer bis heute wirkmächtigen Lesart (Hirsch 2006) war das nationalsozialistische Staatsrecht keineswegs gesetzesformalistisch oder »positivistisch« (Rüthers 1968), sondern es negierte im Gegenteil nicht nur das demokratische und pluralistische Vermächtnis des republiktreuen Teils der Weimarer Staatsrechtslehre, sondern auch den rechtsstaatlichen Etatismus des Kaiserreichs. Eine durch eine Parteiorganisation überwölbte Verwaltung und eine auf kontinentale Eroberung ausgerichtete Außenpolitik fanden in keiner Tradition des Staatsbegriffs mehr Raum.

25 Ernst Forsthoff (1938). Eine gute historische Analyse bietet Jens Kersten (2005: 543 ff.).

B. Entwicklungslinien der juristischen Staatstheorie

I. Die frühe Bundesrepublik

Die Staatsrechtslehre der Nachkriegszeit[1] ist im Ganzen von einer deutlichen staatstheoretischen Abstinenz gekennzeichnet. Zu dicht schienen grundsätzliche theoretische Überlegungen an Gebiete von Politik und Ideologie heranzuführen, die doch von der Disziplin nunmehr gerade zu vermeiden waren.[2] Die überwiegende Mehrheit der Staatsrechtslehrer begab sich theoretisch auf den Rückzug und tat das, was ein Großteil der Zunft länger schon für die eigentliche Aufgabe des Faches gehalten hatte: die Auslegung von Normen und die Auswertung gerichtlicher Entscheidungen. Die Verabschiedung der Landesverfassungen und des Grundgesetzes, vor allem aber die Einrichtung des Bundesverfassungsgerichts führten gerade nicht zu einer staats- oder verfassungstheoretischen Blüte.[3] Der politische Prozess der Verfassunggebung wurde zwar von einigen namhaften Staatsrechtlern begleitet (Hans Nawiasky, Hermann v. Mangoldt, Richard Thoma), verlief aber insgesamt relativ unprogrammatisch. Man kann in den Bonner Debatten zwischen einem naturrechtlich bzw. christlich inspirierten und einem demokratisch-politischen Rechtsverständnis unterscheiden,[4] ohne dass diese Front in der Staatsrechtslehre später eine besondere Bedeutung gewonnen hätte. Überhaupt spielten die an der Verfassunggebung Beteiligten in der sich dann etablierenden Praxis keine große Rolle mehr. Statt Theorie zu treiben

1 Birgit v. Bülow (1996: 135ff.). Zu den staatstheoretischen Vorstellungen des Parlamentarischen Rats: Volker Otto (1971: 197ff.).

2 Vgl. die Einschätzungen bei Ulrich Scheuner (1974: 527f.); Max Imboden (1958: 356); ähnlich Helmut Quaritsch (1970: 14); Carl-Friedrich Menger (1951/1952: 117); vgl. aber auch Hans-Peter Ipsen (1993: 8, 10).

3 Als Beiträge zur Form der Allgemeinen Staatslehre, die aber allesamt keine große Rolle spielten: Richard Thoma (1948); Hans Nawiasky (1945-1948); Hans Adolf Dombois (1952); Rudolf Laun (1964).

4 Mit Blick auf die Menschenwürde diskutiert bei Rolf-Ulrich Kunze (2001: 383).

versuchte die Staatsrechtslehre ein »ganz normales« juristisches Handwerk zu werden, so wie die weniger politischen Nachbardisziplinen des Straf- und Zivilrechts, die schon im Kaiserreich als Vorbilder gedient hatten. Freilich gelang dies nicht immer. In einigen politisch durchaus bedeutsamen Fragen schien der Rückgriff auf überlieferte Konzepte ebenso unvermeidlich wie methodisch kompromittierend.

1. Staatstheoretische Schulen: Beispiel Religionsrecht

Wollte man auf Staatstheorie nicht verzichten, so bot sich für eine erste Orientierung der Blick auf die Diskussionslandschaft der Weimarer Zeit an. Von den zentralen Größen der Weimarer Staatsrechtslehre waren noch zwei Akteure präsent: Carl Schmitt als formell von der Hochschule verstoßener, aber viel gefragter innerer Exilant und Rudolf Smend als einflussreicher Professor an der Göttinger Universität. Hermann Heller war als Sozialdemokrat im Exil gestorben. Hans Kelsen war in die Vereinigten Staaten vertrieben worden und blieb dort. Mit bemerkenswerter Gründlichkeit wurde sein staatstheoretisches Erbe – anders als in seiner Heimat Österreich – bis in die neunziger Jahre von der Staatsrechtswissenschaft fast vollständig ignoriert,[5] während Heller als eine Art unvollendeter Hoffnungsträger der linken Staatstheorie selten bei den Rechtswissenschaften,[6] dafür aber intensiver bei den Politikwissenschaften und der politischen Soziologie in Erinnerung blieb (Schluchter 1983).
Schmitt und Smend scharten seit dem Kriegsende alte Schüler um sich und bauten neue Schulen auf. Auf die inhaltlichen Konsequenzen dieser Schulenbildung wird im Folgenden im Einzelnen hinzuweisen sein (Möllers 2000: 116ff.; Lepsius 2003: 354). Entscheidend

5 Nach vergeblichen Versuchen von Nobert Achterberg erfolgte die entscheidende Wiederaufnahme durch Horst Dreier (1986). Zu den Gründen für das Ignorieren von Kelsen siehe jetzt das Vorwort in Matthias Jestaedt und Oliver Lepsius (2006).

6 Ausnahme ist sein Schüler Martin Drath, der auch Bundesverfassungsrichter war, ohne dass sich praktische Wirkungen erkennen ließen: Martin Drath (1952b: 41, 48; 1966a: 273; 1966b: 35).

ist aber zunächst, dass diese in der zeithistorischen Literatur gut aufgearbeitete Schulenbildung (Günther 2003) zwar staatstheoretisch interessant, aber wohl nicht gänzlich repräsentativ für die Diskussionen der ersten beiden Jahrzehnte nach Kriegsende war, in denen in theoretischen Dingen vor allem Zurückhaltung vorherrschte. Wurde ein staatstheoretisches Vorverständnis relevant, so versteckte sich dies fast immer hinter rechtstechnischen Fragen. Es kam selten zu offenen staatstheoretischen Auseinandersetzungen. Typisch für die Staatsrechtslehre war es eher, weder Schmittianer noch Smendianer zu sein, sondern von den »alten« Diskussionen Abstand zu halten. Freilich ließ sich dies, wie die folgenden Beispiele zeigen, nicht immer durchhalten.

Ein Beispiel zur Veranschaulichung der Positionen bietet das Verhältnis zwischen Staat und Religion. Das vom Grundgesetz übernommene Recht der Weimarer Republik schaffte die Staatskirche ab, es gab den Kirchen aber zugleich in vielem – Kirchensteuer, Religionsunterricht in staatlichen Schulen, Status als Körperschaft des öffentlichen Rechts – einen staatsnahen Status. Zu Ende gedacht, waren Staat und Kirchen dann auf gleicher Ebene stehende öffentliche Gewalten, die sich zu koordinieren hatten. So konnte man es unter Rückgriff auf Smend sehen. Smend hatte in Weimar eine Verfassungstheorie entwickelt, die die eigenständige Rolle öffentlicher, nichtstaatlicher Institutionen besonders betonte und die sich dadurch auszeichnete, das Prozesshafte des Verfassungsrechts besonders hervorzuheben. »Integration« war der – nicht wirklich ausgearbeitete – zentrale Begriff, mit dem er die gemeinsame Leistung öffentlicher Institutionen und Symbole als Beitrag zu einer »Verfassung« bezeichnete, die über die bloße Form des Verfassungsrechts hinausgehen musste. Die Kirchen spielten damit für die Integration des Gemeinwesens eine eigenständige Rolle und waren nicht einfach dem staatlichen Recht unterzuordnen. Diese Position vertraten Smend und seine Mitarbeiter und Schüler im Göttinger Kirchenrechtlichen Institut der EKD in den fünfziger und sechziger Jahren (Hesse 1956).

Schmitt dagegen legte Wert auf die Einheitlichkeit, Durchsetzungsfähigkeit und Distanz des Staates zu allen anderen gesellschaftlichen

Institutionen, die sich in der Fähigkeit, Entscheidungen einseitig zu treffen und dazu, wenn nötig, auch die Rechtsordnung zu suspendieren, zum Ausdruck brachte. Entsprechend war das korporatistische deutsche Staatskirchenrecht den Anhängern Schmitts – er selbst scheint sich dazu nicht ausdrücklich geäußert zu haben – ein Dorn im Auge (Quaritsch 1962). Sie verlangten vom Staat Überordnung und Distanz.
Dass das Gegeneinander dieser beiden Alternativen nicht zwingend ist, zeigt die neuere Diskussion. Denn während für die Anhänger Schmitts individuelle Religionsfreiheit nur als Komplement staatlicher Souveränität eine Rolle spielte (Schnur 1963), wurde Religionsfreiheit in der Smendschen Konzeption weniger als individuelle denn als korporative Freiheit wahrgenommen. Zudem wurde Religion, entsprechend den Milieus der Nachkriegszeit, von beiden Schulen ganz selbstverständlich als christliche Religion verstanden. Nicht zuletzt um diese beiden Voraussetzungen zu überwinden, diskutiert die Wissenschaft heute die Umbenennung des so genannten »Staatskirchenrechts« in »Religionsverfassungsrecht« (Heinig/Walter 2007). Auch die mit einiger Verzögerung in Deutschland wahrgenommenen Beiträge zu Rechtspluralismus und verfassungstheoretischem Multikulturalismus docken an das Religionsrecht an.

2. Staatliche Kontinuität als juristisches Problem

Eine nur mit staatstheoretischen Mitteln zu lösende Frage hatte die Staatsrechtslehre in der Tat zu klären: War der deutsche Staat mit Niederlage und Besatzung untergegangen – oder lebte er als nunmehr geschrumpftes und politisch geteiltes Rechtssubjekt fort? Diese Frage hatte keineswegs nur theoretischen Wert, an ihr hing nach außen die Fortsetzung völkerrechtlicher Rechte und Pflichten, nach innen aber die Kontinuität einer Vielzahl von Rechtsverhältnissen, insbesondere der Beamtenschaft. Neu war die Frage nicht. Vielmehr stand die Staatsrechtslehre des Ersten Weltkriegs durch Niederlage und Revolution vor dem gleichen Problem – und hatte sich damals einhellig für die Fortsetzung der Rechtspersönlichkeit entschieden. Entsprechendes geschah nun wieder.

Mit der bemerkenswerten Ausnahme des Emigranten Hans Kelsen, der aus den Vereinigten Staaten den Versuch unternahm, Argumente für den Untergang der Rechtsperson des Deutschen Reiches zu entwickeln,[7] blieb die überwiegende Mehrheit der Staatsrechtslehre der Ansicht, dass das Deutsche Reich nicht untergegangen sei,[8] wobei dies sowohl mit staatstheoretischen Begriffen[9] als auch mit dem völkerrechtlich entscheidenden Verhalten der Alliierten begründet wurde (Dürig 1955: 51 ff.; Grewe 1948: 74 ff.). Man wird nicht fehlgehen, in diesem Votum den Ausdruck eines politischen und methodischen Konservatismus zu erkennen, der zum einen die Traditionen seit 1867 zur Verfügung zu halten suchte, und der zum anderen den Begriff des Staats – entgegen dem Kelsenschen Programm der Reinen Rechtslehre – als ein Vehikel verwenden wollte, um die Verbindung zwischen politischer Geschichte und Verfassungsauslegung methodisch zu bewältigen. Freilich ist klar, dass die Durchsetzungsfähigkeit dieser Position allein an den politischen Interessen der Alliierten hing, das Völkerrechtssubjekt Deutschland zu erhalten. Traditionalismus und politische Realitäten fielen in diesem Fall zusammen. So erscheint die theoretische Option zugunsten der staatlichen Kontinuität zugleich als juristisch bestreitbar wie auch als praktisch alternativlos.

Dies galt nicht in gleicher Weise für die Diskussion um die Fortsetzung der Beamtenverhältnisse. Zwar konnte man die staatliche Kontinuität als eine Voraussetzung für die Fortführung der Rechtsverhältnisse ver-

7 Hans Kelsen (1944: 689, 693; 1945: 518). Entsprechend auch Hans Nawiasky (1950: 4 ff.). Seltsamerweise finden sich solche Äußerungen auch zu Beginn der Zivilrechtsprechung: BGHZ 3, 1 (6); 3, 308 (310); 8, 169 (175); OLG Hamm, NJW 1953, 1710, 1710 f.

8 Wilhelm G. Grewe (1948: 47 ff.); Hans Peter Ipsen (1949: 34 ff.); Erich Kaufmann (1948); Alfred v. d. Heydte (1955: 6); Günther Dürig (1955: 27) und die anschließenden Diskussionsbeiträge insbesondere von Nawiasky (1955: 64 ff.) und Scheuner (1955: 67 ff.). Trotz aller Kontroversen findet sich in einem Punkt Einigkeit unter den Diskutanten – in der Ablehnung der Theorie Kelsens. Ein Überblick (auch zu den später aufkommenden Fragen der deutschen Teilung) bei Adolf Arndt (1976: 101).

9 Adolf v. d. Heydte (1955: 25, Leitsatz B. I.) stellt fest: »Die Frage nach der Existenz des Staates ist die Frage nach einem geschichtlichen Faktum.« Eine gute Darstellung der Diskussion findet sich bei Michael Kirn (1972: 54 ff.).

stehen; in jedem Fall hatte es aber der Verfassunggeber in der Hand, das Beamtenrecht in seinem Sinn auszugestalten oder dies dem demokratisch legitimierten Gesetzgeber zu überlassen. Diesen Spielraum hatte er im Art. 131 GG genutzt, mit dem die Verfassung es ausdrücklich dem Bundestag überlässt, den öffentlichen Dienst neu zu regeln. Gerade diese Möglichkeit demokratischer Neugestaltung aber wurde von einer Mehrheit der – ja durchgehend verbeamteten und teilweise politisch belasteten – Staatsrechtslehrer wie von den ordentlichen Gerichten (BGHZ 13, 265, 296ff.) mit staatstheoretischen Mitteln bestritten. Hier fanden alte, aus dem Kaiserreich stammende Vorstellungen vom Staat als unpolitischer bürokratischer Anstalt ausgerechnet auf den Beamtenapparat des Nationalsozialismus Anwendung[10] und sollten es rechtfertigen, das Personalstatut zu versteinern.

Wohl nicht zufällig teilte der Bundesgerichtshof diese Ansicht. Denn das höchste Gericht in Zivil- und Strafsachen verstand sich funktional ausdrücklich als Fortsetzer des Reichsgerichts und repräsentierte personell eine lückenlose Kontinuität vom Nationalsozialismus zur Bundesrepublik. Anderes galt aber für das Bundesverfassungsgericht, das sich zu einem bedeutenden Teil aus Exilanten und Widerstandskämpfern zusammensetzte und das sofort bereit war, den demokratischen Gestaltungsspielraum des Gesetzgebers gegenüber den staatstheoretisch zementierten Ansprüchen der Beamtenschaft durchzusetzen. So kam es zur ersten großen Auseinandersetzung zwischen dem Bundesgerichtshof und dem Bundesverfassungsgericht. Letzteres stellte in seinem Urteil vom 17. Dezember 1953 fest: »Alle Beamtenverhältnisse sind am 8. Mai 1945 erloschen« (BVerfGE 3, 58 (58) – 2. Leitsatz), und gab damit dem Gesetzgeber völlig freie Hand bei der Ausgestaltung der neuen Dienstverhältnisse. Erstaunlicherweise begründete es diese Entscheidung nicht durch eine juristische Auslegung des Grundgesetzes, sondern durch eine politisch-historische Analyse der Dienstverhältnisse des Dritten Reichs.[11] Die weiterge-

10 Zum politischen Kontext siehe Norbert Frei (1997, 93ff.); Rolf Grawert (1986: 25, 39ff.); Michael Kirn (1972: 111ff.).

11 BVerfGE 3, 58 (85ff., 113f.). Zur Methode dieser Entscheidung siehe Peter Badura (1976: 1, 8; 1959: 184, in Anm. 248).

hende Frage der Kontinuität des Staats Deutsches Reich interessierte das Gericht nicht mehr.[12] Die Kritik der Staatsrechtslehre an diesem Urteil war vehement und verschaffte sich in Zusammenarbeit mit der einflussreichen Beamtenlobby deutliches Gehör in der Öffentlichkeit. Der Bundesgerichtshof, der sich selbst ja institutionell in eine Kontinuität zum Reichsgericht gestellt hatte und dessen großes Verständnis für den nationalsozialistischen öffentlichen Dienst auch ein Wort zugunsten der eigenen Sache war, versuchte gar der Entscheidung den Gehorsam zu verweigern.[13] Die Staatsrechtslehre hielt daran fest, die Kontinuität der deutschen Staatlichkeit und die der Beamtenverhältnisse normativ miteinander zu verknüpfen und derart die Spielräume der rechtsetzenden Gewalten einzuschränken (Krüger 1954a: 33, 37; Tietz 1954: 1269 f.). Das Bundesverfassungsgericht erwies sich als im guten Sinne politisches Organ, das die demokratischen Spielräume der neuen Republik gegen vordemokratische Traditionen durchsetzte.

3. Die Debatte um die Wiederbewaffnung

Ein weiterer staatstheoretisch aufgeladener Konflikt zeigte sich in der Diskussion um die Wiederbewaffnung. Im Kern handelte es sich um ein Problem, das namentlich die Westbindung der Bundesrepublik und die politischen Lehren aus dem Nationalsozialismus betraf. Vor dem Hintergrund einer möglichen verfassungsgerichtlichen Entscheidung über die Wiederbewaffnung wurde diese Diskussion verfassungsrechtlich geführt und wuchs sich zu einer veritablen Gutachtenschlacht innerhalb der Staatsrechtswissenschaft aus. Die verwendeten Argumente drehten sich – durchaus in den vertrauten Bahnen von Kaiserreich und Weimarer Republik (entsprechend Kaufmann 1960: 375 ff.) – ganz grundsätzlich um das Verhältnis von Staatlichkeit und Verfassung bzw. von Staatstheorie und Verfassungsauslegung:

12 BVerfGE 3, 58 (88 f., 121). Kritisch zu diesem Vorgehen siehe Otto Bachof (1954: 33, 34); Hans Peters (1954: 589, 590). Klarstellend dann BVerfGE 3, 288 (320).
13 Dokumentiert in BVerfGE 6, 132.

Hat der Staat kraft seiner Staatlichkeit ein ungeschriebenes Recht zur Selbstverteidigung, das keiner weiteren Ausgestaltung bedarf? Oder ist umgekehrt die militärische Selbstverteidigung des Staats so wichtig, dass sie nur mit ausdrücklicher verfassungsrechtlicher Ermächtigung zulässig ist? Das Bundesverfassungsgericht hatte die Frage schließlich nicht zu entscheiden, weil die Sozialdemokraten ihre Klage gegen die Wiederbewaffnung zurücknahmen.[14] Damit blieb die Diskussion praktisch irrelevant, doch als Indiz für den Stand der juristischen Staatstheorie von Interesse. Denn augenscheinlich war der Griff in das staatstheoretische Argumentationsreservoir für die Staatsrechtslehre zumindest eine Reserveoption für politisch brisante Verfassungsfragen.

4. Staatsziele und Verfassungswerte

Die beiden vorgestellten Diskussionen waren – gerade weil sie mit überkommenen theoretischen Kategorien diskutiert wurden – nicht typisch für die Staatsrechtslehre der frühen Bundesrepublik. Deren staatsrechtlichen Alltag und die Arbeit der Staatsrechtler kennzeichneten andere Entwicklungen. Als signifikanteste Phänomene lassen sich der massive Ausbau von gerichtlich überprüfbaren materiellen Gerechtigkeitsstandards und der erstaunliche Bedeutungszuwachs gerichtlicher Entscheidungen für die Staatsrechtswissenschaft benennen. Um diese Entwicklung zu verstehen, muss man sich klar machen, dass die Disziplin während des Kaiserreichs und der Weimarer Republik auch deshalb so ausgiebig grundsätzliche Fragen erörterte, weil sie – anders als die Zivil- und Strafrechtswissenschaft zur gleichen Zeit – über so gut wie kein praktisches Fallmaterial verfügte. Verwaltungsrechtliche Fälle waren deutlich seltener und staatsrechtliche Probleme kamen so gut wie nie vor Gericht. Dies änderte sich durch die Einrichtung des Bundesverfassungsgerichts und durch die Verbriefung der Rechtsschutzgarantie in Art. 19 Abs. 4 GG, die gegen

14 Zum historischen Hintergrund siehe Hans-Erich Volkmann (1990: 235, 372 ff.).

alle staatlichen Akte, die in Rechte eingreifen, den Rechtweg eröffnet – eine äußerst weit reichende Garantie, die in dieser Reichweite anderen westlichen Verfassungsordnungen nicht bekannt ist, in denen es dem Gesetzgeber regelmäßig möglich bleibt, den Rechtsweg für bestimmte Fälle, etwa die Terrorismusbekämpfung, auszusetzen. Diese Norm, vielleicht die für das Rechtssystem folgenreichste Vorschrift des Grundgesetzes, erhöhte den Stellenwert der Verwaltungsgerichte und erzeugte eine dramatische Bedeutungszunahme der Grundrechte (Wahl 2006: 18 ff.). Sie schmälerte zugleich den Einfluss einer begrifflich-konstruktiven Staatsrechtswissenschaft (Schlink 1989).

Nun konnte man natürlich versuchen, dieser umfassenden Vergerichtlichung staatlichen Handelns durch das Grundgesetz mit theoretischen Mitteln zu begegnen und die Reichweite gerichtlicher Kontrolle mit entsprechenden Argumenten zu beschränken. Tatsächlich findet sich eine solche Diskussion in den fünfziger Jahren in Ansätzen. Das Jellineksche Postulat von der rechtlichen Selbstbindung der Staatsgewalt und von der fehlenden rechtlichen Kontrollierbarkeit politischer Führung erlebte damit seine vorläufig letzte Neuauflage,[15] aber die Annahme eines nicht justitiablen Bereichs politischen Handelns konnte sich nun nicht mehr durchsetzen[16] – vielleicht auch, weil sie nationalsozialistisch vorbelastet war.[17] Interessant erscheint diese Diskussion heute aus methodischer Perspektive. Sie illustriert, wie eine einst staatstheoretische Auseinandersetzung sich durch das Inkrafttreten des Grundgesetzes verwandelt, juristisch domestiziert und dadurch inhaltlich beschränkt wird. Denn nunmehr ging es, ob man wollte oder nicht, nicht mehr um Grundfragen von Staat und Recht, sondern um die Auslegung der Rechtsschutzgarantie in Art. 19 Abs. 4 GG.[18] Durch die institutionell starke Stellung des Bundesverfassungsgerichts verwandelten sich wissenschaftlich zu klärende Fra-

15 Zu dieser Diskussion siehe v. Bülow (1996: 62 ff., s. Fn. 64); Erich Kaufmann und Martin Drath (1952, 1952a). Anschaulich zum Kontextwechsel siehe Ernst Friesenhahn (1982: 517).

16 Ernst Forsthoff (1951: 408 ff.); Hans-Peter Ipsen (1950: 158); Kaufmann (1952: 4 ff.); Hans Schneider (1951: 32 ff., 37 ff.); Werner Weber (1970: 33 ff.).

17 Insbes. zu Hans Peter Ipsen Michael Stolleis (1999: 365 f.).

18 Friedrich Klein (1950: 67), mit einer streng am Verfassungswortlaut orientierten Darstellung.

gen der Staatstheorie, des Verhältnisses von Politik und Recht, in praktische Probleme der Auslegung einer Norm, die Rechtsschutz gegen den Staat garantierte.
Eine ähnliche Verwandlung staatstheoretischer in verfassungsrechtliche Diskussionen taucht bei materiellen Vorgaben für staatliches Handeln, beim Sozialstaatsprinzip und bei den Grundrechten auf. In einer berühmt gewordenen Diskussion auf der Staatsrechtslehrertagung 1953 zum Verhältnis von Rechts- und Sozialstaatlichkeit zeigte sich dies exemplarisch (Forsthoff 1954 /Bachof 1954a: 8, 37). Forsthoff versuchte dort als wichtigster Vertreter der Schmitt-Schule einen Gegensatz zwischen freiheitschützender Rechtsstaatlichkeit und teilhabeorientiertem Sozialstaat zu konstruieren.[19] Seine Argumentation hob staatstheoretisch und dogmengeschichtlich an, mündete aber in einer konkreten verfassungsrechtlichen Konsequenz: der abgeschwächten Normativität des grundgesetzlichen Sozialstaatsprinzips des Art. 20 Abs. 1 GG (Forsthoff 1954: 29 ff.). Für Forsthoff stellte die Verrechtlichung staatlicher Fürsorge eine Bedrohung der Formalisierungsleistung des Rechts dar, die zurückgedrängt werden musste. Doch er setzte sich nicht durch. Ganz im Gegenteil entdeckten die Gerichte, gerade das Bundesverwaltungsgericht, sehr schnell die Möglichkeiten dieser neuen Verfassungsnorm, etwa für die rechtliche Begründung sozialstaatlicher Mindeststandards (Schönberger 2006b).
Eine ganz ähnliche Strategie scheiterte für den Umgang mit den Grundrechten. Die neue, weit ausgreifende, am Konzept der Werteabwägung orientierte Rechtsprechung des Bundesverfassungsgerichts sollte im Namen der Rechtsform in die Schranken gewiesen werden.[20] In dieser Diskussion lässt sich in der Tat ein praktisch relevanter Konflikt zwischen den beiden staatstheoretischen Schulen Smends und Schmitts erkennen. Denn während die Rechtsprechung des Bundesverfassungsgerichts mit einem objektiven Grundrechts-

19 Ernst Forsthoff (1954: 19), vgl. auch Wolfgang Abendroth (1954: 85 ff.), der von einem marxistischen Selbstverständnis zu einer Rekonstruktion dieser Grundprinzipien gelangt.

20 Ernst Forsthoff (1959: 35; 1961; 1969: 523); Carl Schmitt (1967: 37 ff.). Zukunftsweisende Anti-Kritik daran bei Alexander Hollerbach (1960: 241, 247 ff.); Peter Lerche (1961a: 690 ff.).

verständnis, das den Grundrechtsteil der Verfassung als »objektive Werteordnung« deutete (BVerfGE 7, 198), Anleihen bei Weimarer Überlegungen Smends (1928: 44) machte, versuchte die Schmitt-Schule sich an einer Re-Formalisierung des öffentliches Rechts und an einer Zurückdrängung der Verfassungsgerichtsbarkeit. Wiederum siegte in gewisser Weise die Smend-Schule, vor allem aber behielt die institutionelle Stellung des Bundesverfassungsgerichts die Überhand und mit ihr ein manchmal sehr theoriearm wirkender Pragmatismus, der letztlich nicht mehr der Bezugnahme auf Smends Beiträge bedurfte, um grundrechtsdogmatische Probleme zu lösen. Die Versuche, die starken gerichtlich durchsetzbaren Bindungseffekte der neuen grundgesetzlichen Ordnung durch die Anrufung staatstheoretischer Traditionen aufzuhalten, blieben allesamt erfolglos. Sie waren Reminiszenzen einer Minderheitenposition, die von dem durch das Gericht geprägten Mainstream auf Dauer kaum mehr zur Kenntnis genommen wurden.

Vom Ende des Dreißigjährigen Kriegs bis zum Vertrag von Versailles war die Verfassung der deutschen Territorien immer wieder durch völkerrechtliche Regelungen überwölbt worden (Dreier 1999a: 667). Dies gilt natürlich auch für das Grundgesetz. Aber die Schöpfer dieser provisorischen Verfassung nahmen diesen Zusammenhang offensiv auf, indem sie die internationale Vergemeinschaftung gleich mehrfach im Grundgesetz etablierten (Vogel 1964). Damit provozierten – jenseits der Wiederbewaffnung – Fragen der Internationalisierung oder Europäisierung deutscher Staatsgewalt in der frühen Bundesrepublik keine großen staatstheoretischen Einwände. Sie gehörten wie die beiden anderen Punkte zum neuen, aber schnell etablierten Wertekanon der Bundesrepublik und ihrer Staatsrechtslehre.

Der eindeutigste Fall einer aus der Weimarer Zeit kommenden Theorie, die vom Bundesverfassungsgericht praktisch rezipiert wurde, bedarf schließlich noch der Erwähnung: die Parteienstaatslehre Gerhard Leibholz',[21] die dieser in der Weimarer Republik vorgedacht hatte, um sie als einflussreicher Richter des Ersten Senats in eine bis

21 Gerhard Leibholz (1929: 114, 117ff.), daran anschließend Gerhard Leibholz (1950; 1951: 1, 2ff.). Dazu Manfred H. Wiegandt (1995: 170ff.).

heute wirksame Rechtsprechung umzusetzen. Die im Vergleich ungewöhnlich starke verfassungsrechtliche Stellung politischer Parteien mit Blick auf staatliche Finanzierung, Wahlrecht und Klagemöglichkeiten vor dem Bundesverfassungsgericht ist zwar im Text des Grundgesetzes angelegt, jedoch ohne die von Leibholz in Weimar entwickelte Konzeption politischer Repräsentation nicht denkbar.

5. Der kurze Abschied vom Prinzipiellen

Interesse an theoretischen Fragen war also für die Staatsrechtslehre der fünfziger Jahre nicht typisch. Scheu vor Grundsätzlichem, Distanz zur Politik sind, ob überzeugend oder nicht, die Konsequenzen, die die Disziplin aus der Erfahrung des Nationalsozialismus ziehen wollte. Statt der offensiven Entwicklung einer Theorie des demokratischen Verfassungsstaates zog man sich ins juristische Handwerk zurück.[22] Nur, wo es unvermeidbar war – und dies sind die oben genannten Fälle –, wurden staatstheoretische Fragen zum Leben erweckt. In diesem Zusammenhang kann man auch die Diskussion um die Notstandsverfassung nennen, die bereits in den fünfziger Jahren begann, aber nicht mehr mit jener irritierenden Freude an Kategorien des Ausnahmezustands arbeitete,[23] die die Weimarer Republik (Heckel 1932: 257, 310ff.) mit unserer Gegenwart auf durchaus beunruhigende Weise verbindet (Agamben 2000). Auch die Begriffs-

22 Dies zeigt sich am besten an der geübten staatstheoretischen Abstinenz bei der Behandlung von Themen, die zu ebensolchen Betrachtungen einladen, wie beispielsweise Walter Jellinek (1950: 3) und Hans Schneider (1950: 21). Anders bei den von Schmitt beeinflussten Staatsrechtlern wie zum Beispiel Werner Weber (1964: 153, 169ff.). Staatstheoretische Argumente in Aufnahme der Selbstverpflichtungslehre finden sich bei Herbert Krüger (1957: 109, 111ff., 118ff.).

23 Andreas Hamann (1958: 405) und Reiner Speidel (1964: 90f., 94, 94ff.). Spätere, höchst technische, Ausführungen bei Hans H. Klein (1969: 363, 479). Zurückhaltend in wehrrechtlichem Zusammenhang auch Karl Doehring (1968: 23f., 39f.). Noch leichte Anklänge an die Theorie der Staatsnotwehr dagegen bei Herbert Wehrhahn (1957: 35, 38, 42ff.). Deutlich: Alfred v. d. Heydte (1952: 59, 63ff.); Ulrich Scheuner (1950: 313, 318f.); Konrad Hesse (1955: 741) mit dem deutlichen Hinweis (744), staatsrechtliches Denken nicht durch rechtsstaatliches zu ersetzen; umfängliche Nachweise zur frühen Diskussion siehe bei Peter Lerche (1961b, 301ff.).

verliebtheit, für die das deutsche Staatsrecht seit dem Kaiserreich bekannt war, verlor sich.[24] Die Gravitation der Verfassungsgerichtsbarkeit zur praktischen Problemlösung war stärker als alles wissenschaftliche Interesse an kohärenter Begriffsbildung – die Dominanz der Staatsexamenausbildung tat ein Übriges, Theorieprobleme in allen Rechtsgebieten an den Rand zu drängen.
Die Ausarbeitung einer demokratischen Verfassungstheorie erledigten die anderen: juristisch ausgebildete Emigranten und Rückkehrer, die oftmals noch nicht einmal freiwillig aus der Rechts- in die Politikwissenschaft gewechselt waren. Sie entwickelten theoretische Grundlagen, die zwar ohne ihre juristischen Vorkenntnisse nicht möglich, aber in der ursprünglichen Disziplin in der Bundesrepublik nicht mehr heimisch waren (Bleek 2001: 246 ff., 279 ff.): Dies gilt etwa für Ernst Fraenkel, Karl Loewenstein und Arnold Brecht (Loewenstein 1959; Fraenkel 1991). Carl Joachim Friedrich war nach einem staatswissenschaftlichen Studium ungewöhnlicherweise bereits in den zwanziger Jahren nach Harvard gegangen, um dann nach dem Krieg in Deutschland großen Einfluss auf die Politikwissenschaften, aber kaum auf die Staatsrechtslehre zu nehmen (Friedrich 1953, dazu Bleek 2001: 268 f.). Paradigmen des Vergleichs, die im Fach vor dem Nationalsozialismus sehr wohl bedeutend waren, spielten nun in den Politikwissenschaften eine größere Rolle – unter ausdrücklicher Verabschiedung des Staatsbegriffs deutscher Provenienz (so bei Hennis (1965: 422, 430 ff.; vgl. auch Sontheimer 1963). Die wohl einflussreichste deutschstämmige politische Theoretikerin des 20. Jahrhunderts, Hannah Arendt, hat bis heute mit ihren Beiträgen zur Geschichte des Verfassungsstaates in der deutschen Staatsrechtswissenschaft so gut wie keine Spuren hinterlassen (Arendt 1963: 3).

24 Walter Schmidt (1962: 253, 271 ff., 276 ff.). Bereits rückblickend auf die begrifflichen Fragestellungen siehe Peter Lerche (1964: 66, 67, Anm. 8).

II. Herausforderungen an ein geschlossenes Staatsverständnis: Sechziger bis zur Mitte der siebziger Jahre

Die neuen politischen Bewegungen, die gemeinhin mit den sechziger Jahren in Verbindung gebracht werden,[25] auch wenn sie in den späten fünfziger Jahren begannen,[26] wurden von wesentlichen Teilen der Staatsrechtswissenschaft gerade mit Blick auf das Phänomen der »Staatlichkeit« zunächst als Verlust verstanden: Hier drohte einer überkommenen Konstruktion von Staatlichkeit auf vielerlei Ebenen politische Gefahr. Freilich blieb es nicht bei einem solchen vor allem defensiven Umgang mit theoretischen Konzepten. Die Disziplin entwickelte vielmehr seit den siebziger Jahren Gegenvorstellungen, die gerade das Verhältnis der Rechtswissenschaft zu anderen Fächern betraf.

1. Verlustbilanzen: Der Tod des Staates

Der »Tod des Staates« ist ein alter Topos, der sich in der Sache bereits im *Ältesten Systemprogramm des deutschen Idealismus* findet und der über den Marxismus im späten 19. und 20. Jahrhundert eine weite Verbreitung, vom französischen Syndikalisten Léon Duguit bis zur frühen Pluralismustheorie Harold J. Laskis', fand. Carl Schmitt benutzte die Vorstellung vom Ende der Staatlichkeit in der Weimarer Republik nicht selten, um den politischen Aushandlungsprozess zu diskreditieren, der Demokratien von autoritären politischen Systemen unterscheidet. In Weimar sollte sich »der Staat« im Interessenpluralismus auflösen.

In den sechziger und siebziger Jahren des 20. Jahrhunderts wurde die

25 Im europäischen Vergleich siehe Tony Judt (2005: 390ff.).

26 Einen interessanten Zusammenhang mit staatsrechtlichen Fragen bilden die politischen Proteste anlässlich der Lüth-Affäre, dazu die Beiträge in Thomas Henne (2005).

altbekannte Diagnose vom Zu-Ende-Gehen der Epoche der Staatlichkeit (Schmitt 1963: 12, 17) von Schülern Schmitts und anderen Staatsrechtlern zur Beschreibung der innenpolitischen Situation der Bundesrepublik wiederentdeckt.[27] Die Strukturen der Verbandsdemokratie,[28] das Ende der bürgerlichen Öffentlichkeit durch das Aufkommen der Massendemokratie und der Massenmedien,[29] die Öffnung gegenüber emanzipatorischen Bewegungen – all diese Phänomene erschienen Teilen der älteren Generation als Zeichen für den Zerfall einer nach innen souveränen Staatsgewalt: »Entstaatlichung«[30] oder die »Auflösung staatlicher Einheit« sind gern verwendete Schlagwörter. Ein ihres taten die Studentenproteste, die von den Hochschullehrern durchaus als traumatisch empfunden wurden. Im Aufkommen des Terrorismus schließlich fanden sich solche Verlustdiagnosen endgültig bestätigt. Der Aspekt physischer Gewalt, der bei Schmitt so präsent war, zwischenzeitlich aber kaum auf Interesse stieß, wurde wiederentdeckt.[31] Das Gewaltmonopol des Staats und die Möglichkeit außerrechtlicher Staatsnotwehr[32] wurden wieder zu Kristallisationspunkten der Diskussion. Die Bedrohung der Staatlichkeit ging nicht mehr nur von der wirtschaftlichen Macht interme-

27 Zur Begriffsgeschichte des Topos vom Ende des Staates siehe Helmut Quaritsch (1970: 11ff.), der Schmitts Diktum als Endpunkt der Diskussion darstellt (15). An die Diagnose anschließend Ernst Forsthoff (1971: 11-20); Werner Weber (1958: 63); Herbert Krüger (1966: 642ff.).

28 Von politologischer Seite zunächst Theodor Eschenburg (1955). Juristische Reaktionen, pessimistisch: Werner Weber (1958: 40ff.); Gerhard Leibholz (1966: 5, insbes. 27ff.; 1967: 327ff.) und Günther Winkler (1966: 34); differenziert nach eingehender Bestandsaufnahme: Joseph H. Kaiser (1956, 308ff.); Horst Ehmke (1966: 94ff.). Skeptisch: Rudolf Steinberg (1971, 145ff.). Diese Diskussion ist in der Staatsrechtslehre bis heute präsent, siehe Peter Badura (1997: 19). Zur strukturell gleichen Diskussion – »Kirchen als staatliche Souveränität okkupierende Korporationen?« oben, I, 1.

29 Vgl. auch Jürgen Habermas (1990: 225ff.).

30 Der Begriff der »Entstaatlichung« wurde nach Angaben von Helmut Quaritsch (1970: 14, Anm. 21) in dem Gutachten von Herbert Krüger (1954b) geprägt. Er entstammt also der ganz frühen Privatisierungsdebatte.

31 So für einen späteren Zeitpunkt auch Markus Heintzen (1986: 17).

32 Zum Beispiel Ernst-Wolfgang Böckenförde (1978: 1881); Hans H. Klein (1979: 53, 61f.); Josef Isensee (1979: 98); Paul Kirchhof (1976: 83); Meinhard Schröder (1978: 121); Heinrich Oberreuter (1978), der in Anm. 1 bemerkt, dass sein Buch gerade vor Beginn der neuen Diskussion abgeschlossen war. Auch ein gesteigertes Interesse an den historischen Hintergründen fällt in diese Zeit: Roman Schnur (1975).

diärer Korporationen aus, sondern von der Präsenz körperlich wirkenden Terrors. Ihr Zustand bemisst sich dementsprechend nach der Durchsetzbarkeit des Gewaltmonopols, die Ordnung – so der bekannte Gedanke Schmitts – erweist ihre Stärke (oder Schwäche) in den Situationen, für die sie nicht konzipiert wurde. Trotzdem blieben Äußerungen in der staatsrechtlichen Literatur, die ausdrücklich ein Staatsnotwehrrecht fordern, selten,[33] wenn das Konzept auch hinter anderen Formulierungen hervorzulugen scheint (Isensee 1979: 103). Insgesamt wird in dieser Diskussionslinie »Staatlichkeit« als ein historisch relativ wenig aufgearbeitetes Idealbild behandelt. Einem bis heute nicht unüblichen Schema entsprechend (Möllers 2002: 26ff.) war es verbreitet, den Staat an unreflektierten Erwartungen zu messen, um ihm dann sein Versagen zu bescheinigen (treffend Luhmann 1995b: 101). Dabei ist bemerkenswert, dass vermeintliche Krisenphänomene sich bei näherem Hinsehen nicht selten als Demokratisierungsfolgen erweisen. Erhellend ist eine Bemerkung Forsthoffs, der die Bundesrepublik einmal beiläufig abwertend mit »normalen Zeiten einer gefestigten Staatlichkeit« vergleicht, »wie sie vor dem Ersten Weltkrieg bestanden«.[34] Die Monarchie des deutschen Kaiserreichs und die Herrschaft der Verwaltung bleiben jedenfalls für einen Teil der Staatsrechtswissenschaft bis zu Beginn der siebziger Jahre das Ideal.

Trotz oder vielleicht wegen dieser kritischen Perspektive gerät das wissenschaftliche Genre der Allgemeinen Staatslehre wie überhaupt das Interesse an staatstheoretischen Fragen seit Ende der sechziger Jahre wieder stärker in das Zentrum der Aufmerksamkeit.[35] Bei dieser Entwicklung handelt es sich um eine überkreuzte Rezeption, in der die Politikwissenschaften,[36] die ihrerseits durch die amerikanische For-

33 Vgl. aber BGHSt 27, 260 (263ff.); offen: BVerfGE 49, 24 (69).

34 Ernst Forsthoff (1964: 194), zu Forsthoffs Konzept von Normalität siehe Friedrich Balke (1996: 375ff.).

35 Zu nennen sind für diesen Zeitraum insbesondere die Werke »Allgemeine Staatslehren« von Felix Ermacora, (1970); Roman Herzog (1971); Herbert Krüger (1966); Reinhold Zippelius (1999). Dazu Hans-Hermann Hartwich (1987: 3, 4f.); Ulrich Jürgens (1990: 14).

36 Vor allem Karl Loewenstein (1959). Grundlegend programmatisch für die Bundes-

schung angeregt sind, die nicht zuletzt von aus Deutschland emigrierten Juristen geleistet wurde, wieder auf die Staatsrechtslehre in Deutschland zurückwirken (Bleek 2001: 265ff.; Buchstein 1992: 183ff.; Söllner 1990: 627, 631ff.).

2. Demokratisierung und Pluralisierung des Staats

Die vermeintlichen Verluste an Staatlichkeit konnten sich aber auch als Gewinne an gesellschaftlicher Öffnung verbuchen lassen. Eine solche Deutung artikulierte sich aber erst seit den siebziger Jahren deutlicher in der Diskussion. Die beklagte Distanzlosigkeit des Staats zur Gesellschaft wirkte nunmehr als Form seiner Demokratisierung. Die physische Gewaltlosigkeit staatlichen Handelns konnte jedenfalls bis zu einem gewissen Grad auch als Ausdruck politischer Stärke interpretiert werden (Arendt 1970). Die Staatsrechtswissenschaften diskutierten solche Ambivalenzen spätestens seit Beginn der siebziger Jahre mit deutlichen Parallelen zur politischen Entwicklung jedenfalls nicht mehr nur negativ.

In der überkommenen theoretischen Begrifflichkeit wurden solche Entwicklungen unter dem Stichwort der Trennung, der Unterscheidung oder der neuen Un-Unterscheidbarkeit von »Staat und Gesellschaft« diskutiert. Bis ins Kaiserreich lässt sich die Vorstellung zurückverfolgen, dass sich der Staat von der Gesellschaft getrennt halten, nicht mit dieser gemein machen solle, die sich augenscheinlich gegen die Parlamentarisierung und Politisierung der Staatsorganisation richtete. Für die Bundesrepublik war sie zu modifizieren, und Beiträge, namentlich aus der Feder des Smend-Schülers und staatsrechtlichen Jungstars Horst Ehmke[37], in denen ausdrücklich gefor-

republik Wilhelm Hennis (1965: 422, 430ff.); Kurt Sontheimer (1963). Vgl. als juristischen Beitrag Dieter Grimm (1973, 53ff.) und die »Empfehlungen der Vereinigung der Deutschen Staatsrechtslehrer zu der Frage, in welcher Form sich die Juristischen Fakultäten in Forschung und Lehre an der Pflege der Wissenschaften von der Politik beteiligen sollen« (1964: 485f.) sowie die »Gemeinsamen Empfehlungen der Vereinigung der Deutschen Staatsrechtslehrer und der Deutschen Vereinigung für politische Wissenschaft zum Verhältnis zwischen der Staatsrechtswissenschaft und der Wissenschaft von der Politik« (1967: 542f.).

37 Offensiv kritisch Horst Ehmke (1962: 23).

dert wird, diese Unterscheidung über Bord zu werfen, lassen sich bis in die frühen sechziger Jahre zurückverfolgen. Aber natürlich konnte man auch dieses Argument umdrehen und die Unterscheidung zwischen Staat und Gesellschaft gerade im Namen der Demokratie rechtfertigen. So gesehen ging es darum, den zentralen parlamentarischen Willensbildungsprozess vor einseitiger gesellschaftlicher Einflussnahme zu schützen. Hier präsentierte sich die Unterscheidung zwischen Staat und Gesellschaft als Form der Sicherung gesellschaftlicher Freiheit (Böckenförde 1973).

Diese Debatte hatte konkrete juristische Konsequenzen: Aus der Option zugunsten einer klaren Trennung ließ sich die Notwendigkeit einer streng hierarchischen Verwaltungsorganisation herleiten, die ihre demokratische Legitimation allein aus Gesetz und ministerialer Weisung erhielt und sich ansonsten abschottete, oder ein Grundrechtsverständnis, das scharf zwischen privater Freiheits- und staatlicher Herrschaftsausübung unterscheidet (Klein 1972). Die Vertreter der Gegenposition stellten die Frage, ob das Grundgesetz nicht auch andere Formen demokratischer Legitimation und grundrechtlicher Freiheit zuließ, die solche harten Unterscheidungen relativierten.[38] So blieb die Möglichkeit, in Verwaltungsverfahren Betroffene an staatlichen Entscheidungen teilnehmen zu lassen, einer der praktisch zentralen Streitpunkte (Schmidt 1975: 183; Schmitt Glaeser 1973: 179). Eine andere Diskussion betraf die Bedeutung der Grundrechte für die Staatsorganisation.[39] Definierten sie nur einen Kreis staatsabwesender Freiheit oder räumten sie Ansprüche darauf ein, wie der Staat seine Entscheidungen zu treffen habe: einen »status activus processualis« (Häberle 1972)? Waren demokratische Standards aus den Grundrechten herzuleiten? Verpflichteten Grundrechte vielleicht auch mächtige Akteure außerhalb der Staatsorganisation, namentlich private Unternehmen?

Wie stets führte diese Diskussion zu keinem wirklichen Ergebnis. Letztlich litt sie an der mangelnden Differenzierung zwischen Tren-

38 Peter Häberle (1972: 43, 62f.) mit dem Hinweis auf die Osmose von Staat und Gesellschaft; Horst Ehmke (1966: 94ff.). Kritisch dazu Klein (1972: 34ff.).

39 Die zentralen Beiträge stammen insbesondere von Böckenförde (1963), Ehmke (1962) und Hesse (1975). Wichtig auch Walter Schmidt (1976).

nung und Unterscheidung von Staat und Gesellschaft und einer – für eine juristische Disziplin wohl typischen – Unausgearbeitetheit des Gesellschaftsbegriffs. So vermischten sich in der Diskussion verschiedene wissenschaftliche Beschreibungsebenen (Hesse 1975: 437). Denn die Unterscheidung von Staat und Gesellschaft bleibt bis heute, jedenfalls in einer rechtswissenschaftlichen Fassung, die akzeptiert, dass staatliches Handeln anderen rechtlichen Bindungen unterliegt als privates, für die Dogmatik des öffentlichen Rechts ein notwendiger Anknüpfungspunkt.[40] Ein Verzicht auf die Unterscheidung erschien mindestens so problematisch wie ihre traditionelle Überschätzung, die einem von der Gesellschaft abgehobenen staatlichen Herrschaftsapparat das Wort reden wollte. Wirkte die Überbetonung des Staatsbegriffs vordemokratisch und autoritär, so schien im Verzicht eine Form von Politikvergessenheit zum Ausdruck zu kommen, die demokratische Entscheidungen durch eine gute Ordnung »richtiger« grundrechtlicher Verfassungswerte zu ersetzen suchte. Beide Vorverständnisse verkannten damit bis zu einem gewissen Grad den demokratischen Verfassungsstaat.

Einen wesentlichen, wenn auch amorphen Ertrag erbrachte die Diskussion jedoch durch die Entwicklung einer anderen Kategorie, der Ende der sechziger Jahre an Bedeutung gewinnenden Kategorie des »Öffentlichen«[41] als eines Vermittlungsbegriffs zwischen staatlicher und privater Organisationsform. Die Kategorie hat bis heute ihre Bedeutung bewahrt, um Arrangements im positiven Recht zu bezeichnen, deren Zuordnung zwischen staatlichem und privatem Handeln unklar bleibt.[42] Neuere Debatten um »Public-Private-Partnerships« oder den Gewährleistungsstaat[43] nahmen hier ihren Anfang.

40 Für die rechtstechnische Seite siehe Wolfgang Kahl (2002: 721).

41 Mit dieser verfassungspolitischen Stoßrichtung vor allem Ulrich K. Preuß (1969); Alfred Rinken (1971); Peter Häberle (1970). Ausgangsproblem ist die organisatorische Ausgestaltung der Sozialverwaltung, vgl. zur Gegenposition Peter Lerche, (1963: 12 ff.); Hans H. Klein (1965: 755). Die stärker am positiven Recht orientierte Arbeit von Wolfgang Martens (1969) gehört nicht in diesen engeren Zusammenhang.

42 Beispiele wären das Medienrecht, zu einem Fall Ulrike Bumke (1995), oder das Sozialrecht, dazu Volker Neumann (1992).

43 Unten, IV., 2.

Greifbarere Ergebnisse ergaben sich zu Beginn der siebziger Jahre durch die Rechtsprechung des Bundesverfassungsgerichts mit Blick auf die gesetzliche Ausgestaltung der Verwaltung. Denn aus dem Postulat der Trennung von Staat und Gesellschaft folgte für das konstitutionelle Staatsrecht eine Begrenzung des gesetzlichen Zugriffsrechts gegenüber der Verwaltung.[44] Traditionell »gesetzesfreie« Verwaltungsräume wie in Schulen und Strafanstalten wurden durch das Bundesverfassungsgericht seit Beginn der siebziger Jahre Fall für Fall aufgehoben und damit ein Stück der so verstandenen Trennung beseitigt.[45] Freilich geriet das Konzept des demokratischen Gesetzesvorbehalts genau in dem Moment, in dem es sich durchgesetzt zu haben schien – wie zu zeigen sein wird –, schon wieder in eine wissenschaftliche Krise.[46]

3. Parallelen im Verwaltungsrecht

Dass die Öffnung der Staatsorganisation weder ein ganz neues Thema war noch sich allein in einem staatstheoretischen Zusammenhang artikulierte, zeigen zwei exemplarische Diskussionen aus dem Verwaltungsrecht.

Arbeitsteilung zwischen Staat und Privaten

Die Kooperation der staatlichen Verwaltung mit Privaten und die Entstehung gemischter Organisationsstrukturen sind keine neuen Phänomene, auch wenn sie von den Rechtswissenschaften regelmäßig »neu« entdeckt wurden.[47] Jedenfalls führte die Entwicklung eines an einseitigem »souveränen« Staatshandeln orientierten Verwaltungsrechts durch Otto Mayer am Ende des 19. Jahrhunderts dazu, andere

44 Dazu bahnbrechend: Dietrich Jesch (1961[1]).

45 Etwa in BVerfGE 33, 125 (157ff.); 33, 303 (345f.); 40, 237 (248f.); 47, 46 (78f.); 49, 89 (126f.); 57, 295 (319f.); 88, 103 (116), 95, 267 (307); 98, 218 (251); 100, 1 (32f.).

46 Sogleich unten, III., 1.

47 Wichtig für die Diskussion in diesem Zeitraum war Peter Badura (1967). Interessante Beobachtungen finden sich auch schon seit der ersten Auflage in Forsthoffs Lehrbuch des Verwaltungsrechts.

Handlungs- und Organisationsformen aus dem Blick zu verlieren, die es schon zu Mayers Zeiten reichlich gab. In den späten sechziger und frühen siebziger Jahren nahm das Interesse an der wirtschaftlichen Betätigung des Staats (Emmerich 1969; Klein 1968), an der Verwaltungsprivatisierung und an Mischformen zu, die nun weder rein staatlich noch rein privat, sondern mit dem vorgestellten Vermittlungsbegriff als »öffentlich« bezeichnet wurden.[48]

Welche eigenartigen Fronten diese Diskussion aufweisen konnte, zeigt eine Debatte zwischen zwei Generationen der Staatsrechtslehre, die Hans Peters und Hans-Heinrich Rupp um die rechtliche Beurteilung des Handelns Technischer Überwachungsvereine (TÜV) führten. Dem klar von der katholischen Soziallehre inspirierten Ansatz von Peters zufolge soll das Handeln eines mit staatlichen Überwachungsaufgaben betrauten privaten Vereins als Ausdruck gesellschaftlicher Freiheit und als Verwirklichung des (katholisch verwurzelten)[49] Subsidiaritätsgedankens verstanden werden.[50] Entsprechend genießen die Befugnisse des TÜV Grundrechtsschutz. Rupp dagegen als Vertreter einer jüngeren Generation, die ausdrücklich großen Wert auf die intensive gesetzliche Anbindung der Verwaltung legte,[51] sieht im TÜV eine Monopolisierung staatlicher Kompetenzen bei einem eigenen Interessen folgenden Privaten, der im Zweifelsfall strenger staatlicher Überwachung bedarf.

Auch wenn diese Diskussion heute in der Sache anders geführt[52] und im Ergebnis zugunsten von Rupp entschieden würde, verdankt sie Peters die weiterhin verwendete Unterscheidung zwischen staatlichen und öffentlichen Aufgaben,[53] also zwischen solchen Aufgaben, die der Staat selbst ausführt, und solchen, die zwar Privaten überlassen bleiben, die aber trotzdem am Gemeinwohl und nicht am Eigeninteresse des Handelnden orientiert bleiben müssen. Grundlinien der

48 Zum Bereich des »Öffentlichen« oben, II., 2.

49 Zur Vorgeschichte: Josef Isensee (2001).

50 Hans Peters (1965: 877). Der Vorläufer ist Wolfgang Siebert (1956: 11ff.).

51 Dagegen Hans-Heinrich Rupp (1963).

52 Unten, IV., 1. u. 2.

53 An Peters anschließend für viele: Peter Häberle (1986: 595, 604); Sibylle v. Heimburg (1982: 14ff.); Georg Hermes (1998: 137); Isensee (2001: 174).

späteren Privatisierungsdiskussion sind hier bereits erkennbar: Einerseits hat der Gesetzgeber bei der Einbeziehung von Privaten einen weiten Gestaltungsspielraum, er ist nicht von Verfassungs wegen verpflichtet, selbst zu handeln. Andererseits wird er nicht völlig aus der Verantwortung für die Ergebnisse entlassen (Gallwas 1971: 211).

Modernisierung verwaltungsrechtlicher Staatskonzeptionen

Nicht viel später findet auf der Staatsrechtslehrertagung des Jahres 1971 die erste große Diskussion zum Stand der Verwaltungsrechtswissenschaft statt, die in vielem die bis in die Gegenwart verlaufenden Auseinandersetzungen vorweggenommen hat (Bachof 1972: 193; Brohm 1972: 245). Otto Bachof, als Vertreter der älteren Generation, stellte in seinem Vortrag das Erbe des konstitutionellen Verwaltungsrechts Otto Mayers vor und betonte die Anpassungsfähigkeit überlieferter Kategorien an die Bedürfnisse eines demokratischen Rechtsstaats. Der Beitrag ist insbesondere bemerkenswert, weil er historisch reflektiert vorgeht und viele als aktuell empfundene Phänomene wie die wirtschaftliche Betätigung des Staates bereits in Mayers Epoche wahrnimmt. Mayers anstaltliches Staatsverständnis und seine rechtsaktbezogene Methode erscheinen aus dieser Sicht für die Gegenwart ausreichend. Auf der anderen Seite entfaltete der deutlich jüngere Winfried Brohm ein ganzes Arsenal an Entwicklungsoptionen für die Verwaltungsrechtswissenschaft, namentlich eine Hinwendung zum Organisationsrecht,[54] die Entwicklung neuer Legitimationskonzeptionen[55] und eine Öffnung zu den Sozialwissenschaften. Gemeinsam mit einigen anderen Autoren[56] nahm er bereits wesentliche Elemente der verwaltungstheoretischen Diskussion der späten achtziger und neunziger Jahre vorweg. Ihnen lag ein Verständnis von Staatlichkeit zugrunde, das sich offen gegenüber den staatstheoretischen Relativie-

54 Eine bis in die Gegenwart immer wiederkehrende Forderung, die sich wohl zunächst in dem neu aufgenommenen organisationsrechtlichen Kapitel in der 8. Auflage des Lehrbuchs von Fritz Fleiner (1928: 120ff.) verwirklicht findet.

55 Entwickelt bei Winfried Brohm (1969: S. 243ff.), weiterentwickelt bei Ernst-Thomas Emde (1991: 373ff.); Eberhard Schmidt-Aßmann (1991: 329, 376ff.).

56 Zu nennen ist als Überblick namentlich das wegweisende, etwas später entstandene, aber zu wenig rezipierte Buch von Walter Schmidt (1982).

rungsangeboten zeigte, die schon seit den fünfziger Jahren in den Gesellschaftswissenschaften im Umlauf waren.
Die frühen Auseinandersetzungen um Privatisierung und Verwaltungsrecht verliefen deutlich unspektakulärer und weniger rhetorisch aufgeladen als die Debatte um Staat und Gesellschaft, drehten sich in der Sache aber um ein ähnliches Problem und waren durch die Konkretheit ihres Gegenstands für ein klassisches Staatsverständnis vielleicht sogar bedrohlicher. Das Bewusstsein, dass eine angemessene rechtswissenschaftliche Behandlung der Verwaltung sich mit Phänomenen zu beschäftigen habe, die nicht rechtsförmig und einseitig hoheitlich funktionierten, ging der Staatsrechtswissenschaft spätestens seit dem Beginn der siebziger Jahre nicht mehr verloren. Den Staat als in einem traditionellen Sinne souveräne Instanz zu verstehen, die Recht setzt und einseitig durchsetzt, war damit, schaute man genauer auf das geltende Recht, kaum noch plausibel.

4. Vordringen des Verfassungs- und Rückzug des Staatsbegriffs

Die Öffnung der Staatstheorie hatte im engeren Sinne methodische Konsequenzen. Der Begriff des Staats trat als *wissenschaftliche Beschreibungskategorie* in den Hintergrund. Wie es schien, konnte die Kategorie der »Verfassung« die Theoriebedürfnisse der Staatsrechtslehre weitergehend befriedigen, ohne »falsche« politische oder andere unerwünschte normative Implikationen mitzuliefern.[57] Diese Entwicklung war ihrerseits nicht neu, sondern wiederholte den Verlauf der Weimarer Diskussion, die sich vom Staats- zum Verfassungsbegriff bewegt hatte.[58] Selbst Schmitt hatte diese Abkehr vom Staatsbegriff in seiner Verfassungslehre ausdrücklich formuliert (Schmitt 1928: IX ff.); aber trotz seiner frühen und konsistenten Kritik war es ironischerweise gerade der schlechte Ruf des Schmitt'schen Etatis-

57 Kritisch: Wilhelm Henke (1973: 219); Herbert Krüger (1971: 1, 18 ff.), vgl. auch die Bemerkung bei Klaus v. Beyme (1989: 443, 446), dass der Begriff Staat 20 Jahre zuvor völlig unbrauchbar erschienen wäre.
58 Oben, Vorgeschichten, II.

mus, der die Kategorie des Staats für die Rechtswissenschaft diskreditierte.
Im wissenschaftlichen Genre der »Allgemeinen Staatslehre« diente der Staatsbegriff noch als ein begriffliches Instrument, um für die Rechtswissenschaften verschiedene historische, politische oder soziale Realitäten methodisch aufzubereiten. Doch ließ sich der Verfassungsbegriff gleichfalls realistisch aufrüsten und Begriffe wie »Verfassung im materiellen Sinn«[59] oder »Verfassungswirklichkeit«[60] fanden seit den sechziger Jahren mehr und mehr Aufmerksamkeit und nahmen dem Rekurs auf den Staat weitere Teile seiner Bedeutung. Die Totalität des institutionellen Beschreibungsanspruchs, die mit dem Staatsbegriff seit jeher verbunden wurde, wie die mit dieser Totalität notwendig verbundene Relativierung von normativer Wertigkeit wurden nun mit dem Verfassungsbegriff verknüpft. Das Bedürfnis, Gesellschaftsbeschreibung im großen Stil, aber ohne sozialwissenschaftliche methodische Kontrollen zu betreiben, schien von der Wahl des Begriffs unabhängig zu sein. Besonders deutlich wurde dies von Schülern und Enkelschülern Rudolf Smends betrieben.[61] Ob die Rechtswissenschaft überhaupt einen methodisch validen Anspruch auf die Beschreibung gesellschaftlicher Realität erheben kann, wurde dagegen selten erörtert.[62]

59 Für viele Peter Badura (1973: 19).
60 Kritisch siehe Wilhelm Hennis (1968: 11ff.). Zur Anti-Kritik siehe Ernst-Wolfgang Böckenförde (1970: 533); Konrad Hesse (1971: 137).
61 Eine beiläufige Bemerkung, in der Smend selbst nicht genannt wird, kann auch als kleine Rezeptionsgeschichte zitiert werden, ohne dass man die Wertung teilen muss: »von Ehmke grundgelegt, von Scheuner unterstützt, von Häberle weiterentwickelt, demokratisiert und bis zum Abbau verbindlicher Normativität vorangetrieben ...« (Ernst-Wolfgang Böckenförde 1991a: 11, 21, Anm. 18). Man beachte die Gleichsetzung von Demokratisierung und Denormativierung. Die Verwandtschaft mit Smend bemerkt Böckenförde (1991b: 73, Anm. 73). Auch K. Hesse gehört zu dieser Richtung, dem Böckenförde (1991b: 74ff.) eine eigene Methode der Verfassungsinterpretation zuordnet, die aber auch für Böckenförde letztlich auf ein ähnliches Vorgehen hinausläuft, da ihr kein anderer Staatsbegriff zu Grunde liege. Differenziert zu methodischen Unterschieden zwischen Smend und Hesse: Stefan Korioth (1990: 289ff.).
62 Ein für das Grundgesetz lange Zeit nicht formuliertes Problem. Vgl. aber Gerhard Roellecke (1987: 95, 97f.) zum unterschiedlichen Wirklichkeitsverständnis von Hesse und Quaritsch im Staatskirchenrecht. Differenziert Martin Morlok (1988: 60ff.).

Solche Weiterungen des Verfassungsbegriffs reichten bis in das Gebiet der politischen Rhetorik, keinem unwichtigen Revier des klassischen Staatsbegriffs. Denn mit der Kategorie des »Verfassungspatriotismus« drohte dieser schließlich seine Bedeutung als Sinnbild der institutionellen Identität des Gemeinwesens zu verlieren (Sternberger 1990; Schwan 1987: 85; kritisch: Scheuner 1972: 223). Die angestrebte Identifikation erfolgte nicht mehr über Staatliches – wie Geschichte oder politische Symbolik, ein Bedeutungsrepertoire, das allerdings in Deutschland unter der teilungsbedingten Ungewissheit über den Begriff der Nation litt (Lepsius 1993: 196, 207ff.) –, sondern über die verfassungsrechtliche Ordnung selbst. Es ist kein Wunder, dass diese Begriffsprägung Dolf Sternbergers, nachdem sie von der Staatsrechtswissenschaft zunächst gar nicht wahrgenommen worden war, in den achtziger Jahren, wohl erst nachdem Jürgen Habermas (1987: 18) sie rezipiert hatte, auf erbittert formulierten Widerstand stieß.[63] Nun drohte dem Begriff noch ein letztes Bedeutungsreservat geraubt zu werden. Der »Aufstieg des Verfassungsbegriffs« (Hofmann 1995: 1069) ließ für den Rekurs auf Staatlichkeit immer weniger Raum.

Auch wiedererweckte Versuche, die Juristenausbildung auf eine breitere interdisziplinäre Grundlage zu stellen und das Staatsrecht von vornherein in seinen historischen und politischen Kontexten wahrzunehmen, gehören in diesen Zusammenhang.[64] Obwohl solche Versuche bis in die Gegenwart Spuren in der Lehrpraxis mancher Fakultäten hinterlassen haben, konnten sie sich insgesamt nicht durchsetzen. Die alte Rolle des Staatsbegriffs als einer disziplinvermittelnden Kategorie ließ sich für die Lehre genauso wenig langfristig nutzen wie für die Forschung. Zwar bleibt die Vorlesung »Allgemeine Staatslehre« bis in die Gegenwart, wenn auch mit nachlassender Tendenz, Teil des juristischen Curriculums, doch scheint diese mehr der Vermittlung eines gewissen Standards institutionsgeschichtlicher und

63 Otto Depenheuer (1995: 854, 857ff.); Josef Isensee (1986: 11, 23ff.); Detlev Merten (1992: 283); Eckart Klein (1989: 459, 465f.); Ernst Nolte (1985: 327ff.).

64 Dieter Grimm (1973: 53, 56ff.); Walter Schmidt (1973: 89, 91ff.); Wolfgang Hoffmann-Riem (1977: 1, 5ff.; 1981: 3, 11f., 24ff., 42ff.).

politiktheoretischer Allgemeinbildung an vom Staatsexamen konsumierte Studierende zu dienen denn der Vorstellung einer eigenen wissenschaftlichen Disziplin (Quaritsch 1994: 355).

5. Die erste Phase der Europäisierungsdiskussion

Die Gründung der Europäischen Wirtschaftsgemeinschaft 1958 hatte sofort das wissenschaftliche Interesse der Staatsrechtslehre erregt, wenn nicht allgemein, so in einem qualifizierten Kreis von Autoren, die zumeist entweder über das Völker- oder das Wirtschaftsrecht zu Fragen der Europäisierung gekommen waren.[65] Ebenso schnell war deutlich geworden, dass manche Aspekte der Europäischen Integration, wie die Einrichtung der Hohen Behörde, echte institutionelle Neuerungen darstellten und sich deswegen nicht mehr allein mit den Mitteln des klassischen Völkerrechts beschreiben ließen. Die Bereitschaft, dies zu akzeptieren, war durchaus groß und die monographische Literatur der sechziger Jahre wirkt heute sehr innovativ, aber in der Regel nicht an Grundsatzfragen interessiert. Anders als in den noch zu betrachtenden Diskussionen der frühen neunziger Jahre zum Vertrag von Maastricht erscheint die Denkrichtung hier offensiv und erstaunlich modern. Beispielhaft zeigt dies die Themenwahl der Staatsrechtslehrertagung 1964, die den Referenten die Frage stellte, wie demokratische und rechtsstaatliche Strukturen auf überstaatliche Ebenen übertragen werden könnten.[66] Von später gängigen Mustern, der Verteidigung staatlicher Souveränität oder der Annahme, Demokratie sei eine auf Nationalstaaten zu beschränkende Legitimationsform, ist noch wenig die Rede.
Diese Offenheit hat allerdings ihren theoretischen Preis. Dies illustrieren die einflussreichen Überlegungen des die Diskussion sehr lange dominierenden Hans Peter Ipsen (1972; 1973: 211) zur Theorie der europäischen Integration. Ipsen prägte für die europäischen Institutionen den Begriff des »Zweckverbandes funktionaler Integration«.

65 Für einen völkerrechtlichen Zugang: Christian Tomuschat (1964).
66 So das Thema der Staatsrechtslehrertagung. Siehe Peter Badura (1966).

Dabei verband er in seiner Integrationstheorie zwei durchaus eigenwillige Elemente. Auf der einen Seite hat der Zweckverbandsbegriff eine technokratische Richtung. Mit dem Beginn der europäischen Integration haben sich die Mitgliedsstaaten dazu entschieden, bestimmte Fragen dem politischen Prozess zu entziehen. Die Frage nach der demokratischen Legitimation des Verbandes stellt sich daher für Ipsen nicht. Eine solche Konzeption unpolitischen Administrierens erinnert im Fall Ipsens an das Selbstverständnis der nationalsozialistischen Besatzungsverwaltung (Joerges/Ghaleigh 2005), sie passte sich jedoch zugleich in die funktionalistische Theorie internationaler Organisationen[67] und in das von Jean Monnet geprägte technokratische Selbstverständnis der europäischen Institutionen ein, das ja in anderen Ländern durchaus früh auf Skepsis stieß (Adenauer 1965: 499). Auf der anderen Seite griff Ipsen – in der Not, die fortschreitende Verselbstständigung der europäischen Integration vom Willen der Mitgliedsstaaten und ihrer rechtsetzenden Dynamik zu erklären – zu einem ganz anderen Theoriebaustein. Mit der von ihm entwickelten »Gesamtaktslehre« bezog er sich ausdrücklich auf die Staatstheorie des Kaiserreichs und setzte die Verträge von Rom in ihrer Wirkung mit den Gründungsverträgen des Deutschen Reichs gleich, die in einem »Gesamtakt« der beteiligten Staaten eine von den Verträgen losgelöste Rechtsordnung geschaffen hätten. Dieser Schritt ist trotz seiner beträchtlichen theoretischen Inkonsistenz[68] durchaus bemerkenswert, machte er doch ein offensives Angebot zur Erklärung der Dynamik der europäischen Integration unter Rückgriff auf die Tradition der deutschen Bundesstaatstheorie. Anders als der funktionale Teil seiner Theorie wurde dieses Element jedoch so gut wie gar nicht rezipiert. Es steht in deutlichem Gegensatz zur defensiven, an staatlicher Souveränität orientierten Argumentation, die die jüngere Debatte um den Vertrag von Maastricht kennzeichnet und die der späte Ipsen irritiert zur Kenntnis nehmen wird (Ipsen 1994: 1).
Ipsens Beitrag bleibt für einen langen Zeitraum der wesentliche staatstheoretisch relevante Entwurf zur europäischen Integration in

67 Zu den Anleihen beim Funktionalismus übersichtlich Wolfgang Merkel (1999a).
68 Zur Kritik Heribert F. Köck (1978: 50ff.).

Deutschland. Praktisch funktioniert diese dagegen maßgeblich gerade durch die unmerklichen Integrationsleistungen des europäischen Gesetzgebers wie durch die institutionelle Verknüpfung nationaler Unterinstanzen und europäischer Gerichte unter Umgehung der nationalen Verfassungsgerichte (Haltern 2005b: 330 ff.). Grundsätzliche Fragen nach Vorrangverhältnissen und staatlicher Souveränität, für die gerade Verfassungsgerichte eine besondere Sensibilität haben, blieben deswegen zunächst für die deutsche Rechtsprechung außer Betracht.

III. Renaissance und Relativierung: Von der Mitte der siebziger bis in die neunziger Jahre

Von einem Teil der Staatsrechtslehre waren die Umbrüche der sechziger und siebziger Jahre, wie gezeigt, als verlustreiche Epoche empfunden worden – als Verlust an Staatlichkeit auf ganz unterschiedlichen Ebenen. Verschiedene politische und diskursive Entwicklungen führten spätestens in den achtziger Jahren zu einer »Wiederentdeckung« des Staats. Zum Ersten schien die Grundrechtszentrierung des Verfassungsrechts an Grenzen gekommen zu sein. Teilt man das Staatsrecht in Staatsorganisationsrecht und Grundrechte ein, so waren diese beiden Teile zu Lasten des Organisationsrechts in ein Ungleichgewicht geraten. Nicht nur schienen die institutionellen Eigenleistungen von Gesetzgebung und Verwaltung, damit auch von demokratischer Politik, gegenüber einer zu weit reichenden Grundrechtsbindung ins Hintertreffen zu geraten. Vielmehr wirkten auch die organisationsrechtlichen Maßstäbe verhältnismäßig unterentwickelt. Der Versuch, die Gesamtheit staatsrechtlicher Probleme als Fragen der Grundrechtauslegung zu behandeln, stellte mit der Unterscheidung zwischen dem demokratischen Staat und seinen Bürgern auch die Idee individueller staatsfreier Selbstbestimmung in Frage.[69] Zum Zweiten traten in den achtziger Jahren in den westlichen Demokratien Politiker mit einer Agenda auf den Plan, die zwar einerseits einen wirtschaftlichen Liberalisierungskurs einschlug, aber andererseits die Rolle des Staats als politischem Akteur stärkte.

1. Gesetz – Informalität – Kooperation – Vollzugsdefizit

Die frühen siebziger Jahre, in denen Demokratisierung zu einem regierungsamtlichen Thema wird, waren, wie bereits erwähnt, zugleich

69 Hier hätte die Wiederentdeckung des Staatsbegriffs gut an eine Kritik der Grundrechte anschließen können, die ihrerseits von Schmitt beeindruckt war: Ulrich K. Preuß (1979).

die Zeit einer intensiven Vergesetzlichung des Verwaltungshandelns. In einer – bis heute nicht abgerissenen – Kette von Entscheidungen forderte das Bundesverfassungsgericht parlamentsgesetzliche Regelungen, etwa für den Umgang mit Strafgefangenen, das Schulwesen oder das Recht der Selbstverwaltung freier Berufe.[70] Damit öffnete es bestimmte Bereiche der Verwaltung, die traditionell als unantastbarer Innenraum des Staates verstanden wurden, dem Zugriff des demokratischen Gesetzgebers. Freilich verlief diese Entwicklung weder unvorbereitet, noch wäre es vollständig, sie als eine reine Geschichte der Demokratisierung der Administration zu erzählen. Denn als Reaktion auf die fehlende gerichtliche Überprüfbarkeit staatlichen Handelns im Nationalsozialismus entwickelten Rechtswissenschaft und Gerichte schon früh hohe rechtsstaatliche Kontrollstandards, die darauf hinauslaufen mussten, dem Handeln der Verwaltung eine gesetzliche Grundlage zu geben.[71] Umgekehrt plädierte ein in der Praxis demokratischer Politik beispiellos erfahrener Staatsrechtler wie Horst Ehmke schon sehr früh dafür, Grenzen der Verrechtlichung, Vergesetzlichung und gerichtlichen Überprüfbarkeit des administrativen Handelns zu ziehen, nicht zuletzt aus der Einsicht heraus, dass in einer Demokratie, anders als im monarchischen Rechtsstaat, die Verwaltung eine eigene Legitimation gegenüber der Gerichtsbarkeit besitzt (Ehmke 1961).

Trotzdem gewann die Vergesetzlichung des Verwaltungshandelns unter dem Grundgesetz schnell an Fahrt. Ihren Höhepunkt erreichte sie in den Urteilen des Bundesverfassungsgerichts – zeitgleich mit der Forderung nach »mehr Demokratie« – in den frühen siebziger Jahren. Die Rechtsprechung hatte also einen demokratischen und einen rechtsstaatlichen Strang und sie führte in jedem Fall zu einer insgesamt strengeren gerichtlichen Kontrolle der Verwaltung. Bereits Mitte der siebziger Jahre lässt sich aus diesem Grund eine gewisse Gesetzesmüdigkeit in der staatsrechtlichen Diskussion erkennen, die wiederum die eigenen Entscheidungsspielräume der Verwaltung gegenüber den Gerichten betont (Scholz 1976: 145; Schmidt-Aßmann

70 Überblicke bei Jochen Taupitz (1991: 801ff.).

71 Zur frühen Diskussion: Friedrich Klein (1950: 67).

1976: 221). In dieser Entwicklung verbinden sich verschiedene Positionen: Eine weiter andauernde Distanz zum demokratischen Gesetz und die dem gegenüberstehende Präferenz für die »Eigenständigkeit« der Verwaltung,[72] die sich mühelos auf das alte Weltbild der Kaiserreichsjurisprudenz zurückführen lässt, verknüpft sich mit der Einsicht, dass Handlungsspielräume der Administration sowohl im Interesse des demokratischen Gesetzgebers als auch individuell Betroffener liegen können. Namentlich die Erkenntnis, dass das Handeln der Verwaltung in vielen Fällen Interessen verschiedener Grundrechtsträger auszutarieren hat, relativiert klassische rechtsstaatliche Vorstellungen von einem Gegenüber zwischen Einzelnem und Staat zugunsten offenerer Vorstellungen von administrativer Entscheidungsfindung. In vielen verwaltungsrechtlichen Problemkonstellationen steht nicht ein »Einziger« der Verwaltung gegenüber, vielmehr ist ein Dreieck aus divergierenden Privatinteressen und dem Staat durch das Verwaltungsrecht zu bewältigen (Schmidt-Preuß 1992; Calliess 2001). Theoretisch ist dieser Perspektivenwechsel bemerkenswert, weil er ein klassisches Rechtsstaatsverständnis durch die Einsicht in die Ambivalenz rechtsstaatlicher Standards für die Betroffenen relativiert: Der Schutz der Interessen des einen kann zur Belastung eines anderen werden.

Im Laufe der siebziger und achtziger Jahre bewegt sich die Frage nach der Bedeutung des demokratischen Gesetzes für das Handeln der staatlichen Verwaltung durch drei weitere Befunde in eine andere Richtung. Zum Ersten gerät die Informalität des Verwaltungshandelns in den Brennpunkt der Debatte. Die Einsicht, dass das Handeln der Administration nicht allein vom formalen Regelwerk gesetzlicher Vorgaben gesteuert wird, ist zwar als solche der deutschen verwaltungsrechtswissenschaftlichen Diskussion keineswegs neu;[73] sie wird aber – vielleicht vor dem Hintergrund eines zeittypischen allgemeinen Regulierungspessimismus[74] – mit einer gewissen Alarmiert-

72 Kritische Darstellung bei Horst Dreier (1999b: 137).

73 Siehe nur Niklas Luhmann (1995a[4], 1964[1]): 73ff. Auch die Rechtssoziologie kannte das Problem schon länger, siehe Stuart Macaulay (1963: 55, 62ff.).

74 Knapper Überblick bei Andreas Voßkuhle (2006), Rn. 10. Man denke auch an die Diskussion um Regierbarkeit.

heit zur Kenntnis genommen.[75] Verfehlt die Verwaltungsrechtswissenschaft nicht ihre Aufgabe, wenn sie die Realitäten der Praxis nicht zur Kenntnis nimmt?[76] Der – empirisch nie abgesicherte[77] – Befund der großen Bedeutung informeller Verwaltungspraxis wird jedenfalls zu einem wichtigen Ausgangspunkt für verschiedene Bemühungen, etwa für eine Dogmatik des Verwaltungsrechtsverhältnisses, die versucht, Informalität wieder zurück in die Rechtsordnung zu überführen.[78]

Ganz ähnlich und zunächst auf zeitdiagnostischer Ebene beginnt zum Zweiten eine parallele Diskussion um den »kooperativen Staat«,[79] die ein analoges Problem mit einem anderen Begriff aufzäumt: die »Kooperation zwischen Staat und Privaten«. Der Konnotation des Begriffs Kooperation entsprechend verläuft diese Debatte günstiger, sie erscheint besser an juristische Fragen wie die Form des Verwaltungsvertrages anschlussfähig zu sein (Bauer 1996: 11; 1994: 247). Der Begriff der Kooperation wird zu einem wichtigen Anknüpfungspunkt für das gesamte Verwaltungsrecht.

Eine dritte sozialwissenschaftliche Entdeckung betrifft das so genannte »Vollzugsdefizit« im Verwaltungsrecht, das einzige der hier genannten Phänomene, das tatsächlich auf empirische Forschung zurückgeführt werden konnte (Mayntz u. a. 1978). Die systematische Verfehlung gesetzlich definierter Ziele im Umweltrecht gab einen weiteren Anlass, die »Wirklichkeit« des Gesetzesvollzugs in Zweifel zu stellen, positiv gewendet die Möglichkeit, im Zusammenhang mit

75 Eberhard Bohne (1981) ist der entscheidende Beitrag, der allerdings vollständig ohne empirische Erkenntnisse auskommt und eher zeitdiagnostische Einsichten auf Grundlage der Staatslehre Hermann Hellers entwickelt. Zwar hatte Bohne im Team von Renate Mayntz über Vollzugsdefizite geforscht. Dieses empirische Wissen wird jedoch in der Untersuchung nicht genutzt und würde dessen sehr grundsätzliche Schlussfolgerungen wohl auch nicht tragen.

76 Diese Frage liegt der einflussreichen Rezeption Bohnes bei Wolfgang Hoffmann-Riem (1981: 187, 191 ff.) zugrunde, der deswegen für eine »Realanalyse« plädiert. Für viele aus der frühen Literatur: Jürgen Becker (1985: 1003).

77 Eine Untersuchung auf schmaler Datenbasis ist Nicolai Dose (1994). Kritisch zur fehlenden Empirie auch Andreas Voßkuhle (1994: 567).

78 Eine kritische Bilanz dieser mittlerweile nur noch selten vertretenen Lehre bieten die Beiträge bei Jost Pietzcker (1997: 282, 292 ff.).

79 Gleichfalls ohne empirische Belege, aber für die Diskussion grundlegend: Ernst-Hasso Ritter (1979: 389).

anderen Disziplinen wie der Ökonomie nach vollzugsgeeigneten Formen gesetzlicher Regelungen zu fragen (Gawel/Lübbe-Wolff 2000; Engel 2002).
Die drei genannten Stichworte – Informalität, Kooperation und Vollzugsdefizit – verbindet also vielerlei. Ungefähr zur selben Zeit, seit dem Ende der siebziger Jahre, rücken sie in den Mittelpunkt des Interesses. Sie stoßen eine lange und durchaus verästelte Diskussion an, die in Teilen bis in die Gegenwart nicht an ihr Ende gekommen ist. Sie laden zu einer Auseinandersetzung mit anderen, namentlich sozialwissenschaftlichen Disziplinen ein, obwohl ihr Ausgangspunkt, schaut man genauer hin, weniger in empirischen Erkenntnissen besteht, sondern in einer zeitdiagnostischen Literatur, die gesellschaftliche Trends mit methodisch manchmal zweifelhaften Mitteln einzufangen sucht. Schließlich teilen alle drei Diskussionsstränge die inhaltliche Richtung. Vor der Folie der rechtsstaatlichen Gesetzesbindung findet sich das Handeln des Staates sowohl hinsichtlich verwaltungsinterner Formrichtigkeit als auch mit Blick auf die gesellschaftliche Wirkung staatlicher Entscheidungen in Frage gestellt. Die punktuellen Beobachtungen der verwaltungsrechtlichen Diskussion verlangen deswegen nach einer größeren staatstheoretischen Einordnung. Das nunmehr wieder wachsende Interesse am Staatsbegriff hatte damit auch, aber nicht nur, einen negativen Anlass.

2. Eine Konsolidierung: *Handbuch des Staatsrechts*

Die vielfachen Relativierungen von Staatlichkeit, die sich im Laufe der späten sechziger und der siebziger Jahre auf allen Ebenen des staatsrechtlichen und staatstheoretischen Diskurses ergeben hatten, verlangten augenscheinlich nach einer Reaktion. Ein solches Bedürfnis hatte sicherlich auch politische Gründe. Standen die achtziger Jahre im Zeichen einer kritischen, politisch konservativen Überprüfung vieler gesellschaftspolitischer Entscheidungen der sozialliberalen Ära der siebziger Jahre, so konnte diese Tendenz in der Relativierung des Staatsbegriffs zugunsten der Kategorie der Verfassung einen argumentativen Ansatzpunkt finden. Die Rekonstruktion und Neuentdeckung juristischer Staatstheorie stand auf der verfassungspolitischen Agenda. Dabei fällt auf, dass die systematische staatstheoretische Bilanz der Bundesrepublik bis zu diesem Punkt bescheiden aussah: Den Bemühungen einer Aufwertung des Verfassungsbegriffs durch Autoren wie Konrad Hesse oder Peter Häberle standen kaum staatstheoretische Konzeptionen entgegen. Insbesondere die Form der Allgemeinen Staatslehre hatte so gut wie keine Beachtung mehr gefunden, vereinzelte Beiträge zu diesem Genre spielten in der wissenschaftlichen Diskussion eine geringe Rolle (Krüger 1966²; Herzog 1971).

Das seit 1987 in neun Bänden erschienene und in der Zwischenzeit mehrfach wieder aufgelegte *Handbuch des Staatsrechts* (Isensee/Kirchhof 1987) stellte eine Reaktion auf diesen Zustand dar. Anders als das im Anschluss vorzustellende wissenschaftliche Paradigma der »Neuen Staatswissenschaften«, setzte das *Handbuch* deutlich auf methodische Homogenität und enzyklopädische Vollständigkeit. Dabei verwiesen nicht nur der Titel des Werks, sondern auch seine programmatischen theoretischen Beiträge ganz ausdrücklich auf den Staatsbegriff als entscheidende disziplinbegründende Kategorie der Staatsrechtswissenschaft (Isensee 1987: § 13). Dieser sollte insbesondere aus dem Schatten des Verfassungsbegriffs herauskommen, in den er ja bereits seit dem Ende des Ersten Weltkriegs getreten war.[80] Den Herausgebern des *Handbuch*s gelang es, fast die gesamte Staatsrechtswissenschaft in das Projekt zu integrieren[81] und eine das Fach repräsentierende Darstellung des Staatsrechts vorzulegen. Bemerkenswerterwei-

80 Dies wird in den Beiträgen des *Handbuchs* aber selten so gesehen, die mit einer vermeintlichen Staatsvergessenheit der deutschen Debatte eher die Diskussionsentwicklung der sechziger und siebziger Jahre kennzeichnen, damit aber oftmals einer politischen Bewertung vor einer konsequenten Historisierung den Vorzug geben. Vgl. auch den Beitrag von Josef Isensee (1990: 136): »Das neue Paradigma heißt ›Staat‹« und die Feststellung, in den zuvor von Isensee besuchten Staatsrechtslehrertagungen sei nur von »Verfassung«, nicht von Staat die Rede gewesen.

81 Dies führte auch dazu, dass nennenswerte Rezensionen innerhalb der Disziplin lange Zeit ausblieben, vgl. aber dann die grundsätzliche Auseinandersetzung bei Helmut Schulze-Fielitz (1999: 241). Polemische Kritik eines Politikwissenschaftlers bei Hans Lietzmann (1994: 72, 86ff.).

se fehlt den Beiträgen fast durchgehend[82] eine interdisziplinäre oder rechtsvergleichende Perspektive. Die Disziplin rekurriert allein auf ihre eigenen begrifflichen Ressourcen und sie scheint in der methodischen Mischung aus handwerklicher Selbstgenügsamkeit und kritischer Haltung zu den Entwicklungen der vorangegangenen beiden Jahrzehnte ein wenig einer lang zurückliegenden Vergangenheit verhaftet. Damit bieten die Beiträge so gut wie keine Möglichkeiten, mit den Sozialwissenschaften oder mit der politischen Philosophie in einen Dialog zu treten. Auf der anderen Seite aber erwies sich das *Handbuch* in seinem Ziel, die verfassungsrechtliche Dogmatik in einer für die Disziplin weiterführenden Weise darzustellen und zu konsolidieren, als sehr erfolgreich. Es präsentiert etwa für das Demokratie- und das Rechtsstaatsprinzip grundlegende Darstellungen, an denen sich jede Kritik bis heute erst einmal zu orientieren hat (Böckenförde 1987: § 22; Schmidt-Aßmann 1987: § 26).

Die theoretischen Beiträge des *Handbuchs* sind vom Bemühen gekennzeichnet, dem Staatsbegriff im Verfassungsrecht einen eigenen, vom Verfassungsbegriff verselbstständigten Wert beizulegen (vgl. auch Di Fabio 2004). Dies soll etwas näher ausgeführt werden. So wird in zentralen Beiträgen der Staat als eine *Verfassungsvoraussetzung* verstanden.[83] Das bedeutet, dass eine zentralisierte Herrschaftsordnung notwendig ist, um einen demokratischen Rechtsstaat zu organisieren. In der Kategorie der Verfassungsvoraussetzung spiegelt sich die für die deutsche Geschichte des 20. Jahrhunderts charakteristische Erfahrung wechselnder Verfassungsordnungen innerhalb einer staatlichen Geschichte wider, ohne dass diese historische Relativität aber in den Beiträgen ausdrücklich gemacht und mit den Verfassungserfahrungen anderer Staaten abgeglichen würde. Nicht nur im Vergleich mit Traditionen, denen diese Erfahrung fehlt, wie denjenigen Englands und der Vereinigten Staaten, sondern auch im Vergleich mit Frankreich zeigt sich aber schnell, dass die Annahme, das staatliche Gewaltmonopol[84] sei fundamentaler als die Idee demokratischer

82 Eine Ausnahme ist der Beitrag von Martin Kriele (1992: § 110).
83 Begriffsprägend ist Herbert Krüger (1973: 285, 293ff.).
84 Aktuelle Relativierungen bei Markus Jachtenfuchs, in: Leibfried/Zürn 2007: 69.

Selbstbestimmung, weder systematisch zwingend noch für den »modernen Staat« als solchen typisch, sondern kaum ohne die monarchistische Konzeption des deutschen 19. Jahrhunderts zu denken ist.

Auch das Verständnis der Staatsgewalt als *Einheit* ist für die systematisch grundlegenden Beiträge zentral. Dezidiert nehmen Beiträge im *Handbuch* gegen pluralisierende Staatstheorien Stellung. Für die neue deutsche Staatstheorie hängen am Einheitsverständnis gleich mehrere Implikationen: normativ die Geltung staatlich gesetzten Rechts, faktisch seine Durchsetzbarkeit gegenüber der »Gesellschaft« und schließlich die hierarchische Geschlossenheit des Verwaltungsapparates (Möllers 2000: 228 ff.). Der methodische Status des als staatstheoretisch ausgewiesenen, aber weder verfassungsrechtsdogmatisch oder empirisch, noch demokratie- oder organisationstheoretisch eindeutig zu verortenden Gesichtspunktes der »Einheit« des Staates bleibt aber ungewiss. Eine ähnliche Funktion nimmt die – weiter unten noch aufzugreifende – Verwendung von Staatszwecken ein. Staatszwecktheorien entstammen der Tradition der Herrschaftsvertragslehren und gerieten spätestens im 19. Jahrhundert weitgehend außer Gebrauch. Ihre Renaissance in der Diskussion des späten 20. Jahrhunderts[85] fügt sich dem Gesamtbild einer Re-Etatisierung der Argumentation ein.

Die verbreitete Forderung nach einer »Staatsaufgabenlehre« (Tiemann 1977: 171, 185; Herzog 1988: § 58, Rn. 28; zusammenfassend Hermes 1998: 135 ff.) ist schließlich das vielleicht deutlichste Beispiel eines begrifflichen Wegs ohne wirkliches wissenschaftliches Ziel. Es ist wohl kein Zufall, dass eine juristische Staatsaufgabenlehre für eine Verfassungsordnung nicht entwickelt werden konnte, in der die Präferenzen des staatlichen Handlungsspektrums vom demokratischen Gesetzgeber immer wieder neu zu bestimmen sind.

Als Gesamtselbstdarstellung der deutschen juristischen Staatstheorie erscheint das *Handbuch* daher durchaus ambivalent. Weder wird der Versuch einer einheitlichen theoretischen Grundierung gesucht, wie

85 Vgl. auch die altmodisch anmutenden Beiträge von H.-Christoph Link und Georg Ress (1990: 7, 56). Zur Kritik: Dieter Grimm (1990a: 134 f.); Helmuth Schulze-Fielitz (1990b).

sie die Staatslehren von Jellinek, Kelsen und Heller kennzeichnen, noch werden Kontakte zu Nachbardisziplinen aufgenommen. So dokumentiert das *Handbuch* den ausdrücklichen Willen, den Staatsbegriff für die Staatsrechtslehre zu aktivieren, aber dieser Wille findet kaum rechtswissenschaftlich oder interdisziplinär anwendbare Kanalisierung. Dies zeigt sich auf der juristischen Seite nicht zuletzt daran, dass staatstheoretische Begrifflichkeiten von der Rechtsprechung nur sehr selten aufgegriffen werden[86], schon weil dies ein methodisch zu problematischer Weg für ein Gericht wäre, das letztlich an einer plausibel begründeten pragmatischen Entscheidung von Einzelfällen interessiert sein muss. Jede aus anderen Disziplinen kommende – historische, sozialempirische, organisationstheoretische – Annäherung an diese »absoluten« Kategorien wirkte auf diese sofort relativierend. Das Rezept gegen solche interdisziplinäre Anfechtungen ist die disziplinäre Immunisierung.

Trotz einer gerade erscheinenden Neuauflage scheint die Bedeutung des *Handbuchs* in der Zitierpraxis in den letzten Jahren abzunehmen. Es bleibt vielleicht eher als das Denkmal einer wissenschaftlichen und politischen Generation denn als staatstheoretischer Entwurf von Interesse. Die Grundlagenaufsätze des *Handbuchs*, über das die meisten Beiträge zu Fragen des positiven Staatsrechts allerdings hinaus- und hinweggeht, stehen mehr für ein politisches als für ein wissenschaftliches Staatsverständnis.

3. »Neue Staatswissenschaft«

Parallel zum Erscheinen des *Handbuchs* bildete sich in der staatsrechtlichen Debatte ein zweiter, nicht durch ein bestimmtes Sammelwerk institutionalisierter Diskussionsstrang, der sich gleichfalls am Begriff des Staats orientierte, aber in Methode und Inhalt eine deutlich andere Linie als das *Handbuch des Staatsrechts* verfolgte. Vorbereitet durch Diskussionen in den siebziger Jahren über das Verhältnis zwi-

86 Vgl. unten, Strukturen der Diskussion, IV.

schen Rechts- und Sozialwissenschaften, bemühte man sich in dieser Linie offensiver um die Integration von Nachbardisziplinen. Dabei konnte die Debatte an die Ende der siebziger Jahre immer deutlicher gewordenen Unzulänglichkeiten staatlichen Handelns, gerade mit Blick auf die Konzeption des Gesetzesvollzugs, anschließen[87] und sich entsprechend um die Rezeption soziologisch nachweisbarer Leistungen und Unzulänglichkeiten staatlichen Handelns, insbesondere auf dem Gebiet des Verwaltungsrechts, konzentrieren. Man kann in diesem Zusammenhang von einer »Neuen Staatswissenschaft« sprechen (so Voßkuhle 2001b).

In einer gegenläufigen Denkbewegung verbindet diese die Wiederentdeckung des Staats als wissenschaftlicher Beschreibungskategorie[88] mit einer nachhaltigen Kritik an seiner Handlungsfähigkeit, die Anschluss an die politikwissenschaftliche Diskussion zu Regierbarkeit und Steuerung[89] sucht. Dabei will das theoretische Programm ausdrücklich den Dualismus zwischen rechtlicher und sachlich-empirischer Beschreibung des Staats überwinden.[90] Im Ergebnis reiben sich viele von diesem Strang der Diskussion getroffene Annahmen mit den im *Handbuch des Staatsrechts* entwickelten Begrifflichkeiten. Dies gilt für den Begriff der Staatsaufgaben[91] ebenso wie für die organisationstheoretische Kritik an der Vorstellung einer »einheitlichen Staatsverwaltung« (Schuppert 1998: 19, 28ff.) oder den Optimismus hinsichtlich souveräner staatlicher Durchsetzungsfähig-

87 Oben, III., 1., u. 3.

88 Peter Evans, Dietrich Rueschemeyer und Thedal Skopcol (1985). Rezeption bei Gunnar Folke Schuppert (1989: 91). Die hieran geknüpfte Diskussion lässt sich an den Beiträgen der neu entstandenen Zeitschriften *Jahrbuch zur Staats- und Verwaltungswissenschaft* (seit 1987) sowie *Staatswissenschaft und Staatspraxis* (seit 1991) dokumentieren. Weiterhin: Dieter Grimm (1990b; 1994); Rüdiger Voigt (1992). Von politologischer Seite Thomas Ellwein und Joachim J. Hesse (1994), dazu Gunnar Folke Schuppert (1995: 761). Kritisch zur terminologischen Überforderung des Rechts durch etatistischen Sprachgebrauch: Oliver Lepsius (1999b: 17ff., 48ff.).

89 Wilhelm Hennis (1977-79); Martin Jänicke (1986). Begründete Kritik an den theoretischen Grundlagen solcher Diagnosen ist bei Joachim Heidorn (1982) zu lesen.

90 Programmatisch: Joachim J. Hesse (1987: 55, 58ff., 63ff.); Joachim J. Hesse, Rainer Wahl und Eberhard Wille (1990: 309, 313ff.).

91 Organisationswissenschaftliche Kritik an den Begriffen der Allgemeinen Staatslehre bei: Hans-Heinrich Trute (1997: 249); Helmuth Schulze-Fielitz (1990a: 11, 14f.; 1999: 274ff.); Gunnar Folke Schuppert (1991: 122, 133ff.; 1993a : 581, 584f.).

keit. Die Zuwendung zum Staatsbegriff nahm eine desillusionierende skeptische Wendung, ohne dass deswegen die Kategorie selbst aufgegeben werden sollte. Auch »Ent-Staatlichung« ist nur mit der Kategorie des Staats zu beschreiben.

Das weiter erwachende Interesse der Verwaltungsrechtswissenschaft an interdisziplinären Debatten kann somit durchaus als Beginn einer modernen Staatslehre verstanden werden.[92] Allerdings bleibt die alte Frage Georg Jellineks, wie sich mit Hilfe des Staatsbegriffs ein methodisch konsistenter, aber multiperspektivischer wissenschaftlicher Zugriff entwickeln lässt, weiter unbeantwortet. Im Ergebnis sind die Neuen Staatswissenschaften einerseits methodisch offener und interdisziplinärer als die Beiträge im *Handbuch des Staatsrechts*. Andererseits ist ihr Einfluss auf die Disziplin im Ganzen wohl geringer, gerade weil die Anschlusspunkte für die juristisch-dogmatische Argumentation zu unstrukturiert, zu »offen« sind. So werden die juristisch-methodischen Probleme dieses Ansatzes bis in die Gegenwart intensiv debattiert: Von unbekümmerter Fortsetzung klassischer Staatskonzeptionen (Starck 2005) über eine Methodenprobleme anerkennende, aber relativierende Zuwendung zur Vielfalt institutioneller Phänomene (Schuppert 2003: 12ff.) bis zur Empfehlung, auf synthetisierende Gesamtdarstellungen im Stile der Allgemeinen Staatslehre endgültig zu verzichten (Möllers 2000: Kap. 18, 2002: 22) und sich stattdessen normativen Fragestellungen, namentlich demokratietheoretischer Provenienz, zuzuwenden (Lepsius 2004a: 370), werden die unterschiedlichsten Strategien vorgeschlagen.

4. Wiedervereinigung

Eine ganz andere Rolle im staatstheoretischen Diskurs spielte die Wiedervereinigung. In der Staatsrechtswissenschaft entstand eine ganze Gattung an Literatur, die sich mit ihr beschäftigte (vgl. nur Stern 1991; Isensee/Kirchhof 1992: Bd. IX). Neben der Behandlung

92 In diesem Zusammenhang unter Verwendung des Stichwortes Staat z. B. Klaus König und Nicolai Dose (1993: 3).

der unüberschaubaren Fülle rechtstechnischer Probleme, die mit dem Prozess der Wiedervereinigung verbunden waren, blieben grundsätzliche theoretische Beiträge aber die Ausnahme. Dieser magere Ertrag erweist sich auf den zweiten Blick aber als seinerseits sehr aufschlussreich.

Charakteristischerweise hatte gerade derjenige Teil der Staatsrechtslehre, der auf die Unterscheidung zwischen Staat und Verfassung so viel Wert legte und der nunmehr 1989/90 eine – historisch beispiellose – Erweiterung der Staatlichkeit ohne gravierende Änderungen der Verfassung erlebte, zu diesem Phänomen theoretisch wenig beizutragen. Denn der so regelmäßig behauptete Primat der Staatlichkeit vor der Verfassung sollte im Fall der Wiedervereinigung nun gerade nicht dazu führen, das Grundgesetz aus Anlass der Umgestaltung der staatlichen Form zur Disposition zu stellen.[93] Vielleicht nicht zufällig argumentierte gerade der staatsorientierte Teil der Staatsrechtslehre in diesem Kontext ganz verfassungslegalistisch, wenn er den Beitritt der fünf neuen Länder nach der alten Fassung des Art. 23 S. 2 GG jeder grundsätzlichen Lösung vorzog und die Möglichkeit einer Volksabstimmung, die ja die Legitimation des Grundgesetzes im Ganzen hätte in Frage stellen können, konsequent ablehnte.[94] Zugespitzt könnte man formulieren, dass in dem Moment, als sie politisch relevant wurden, die im *Handbuch* bereitgelegten staatstheoretischen Instrumente zugunsten des Status quo beseite geschoben wurden. Die dort entwickelte Möglichkeit, bestimmte Merkmale der Staatlichkeit, wie das Gewaltmonopol, gegen die Inhalte der Verfassung selbst auszuspielen, wurden nicht genutzt. Dies kann man verfassungspolitisch beurteilen, wie man mag. Es zeigt aber deutlich, dass eine staatstheoretische Fundierung des positiven Verfassungsrechts allenfalls selektiv für die juristische Argumentation genutzt wurde und diese Selektion nach politischen, nicht nach juristischen Kriterien erfolgte.

93 Bemerkt wurde dies namentlich von Hasso Hofmann.

94 Bemerkenswert ist vor allem die plötzlich auf den zunächst wenig rezipierten Kelsen zurückgreifende Argumentation bei Josef Isensee (1995). Vgl. auch Albrecht Randelzhofer (1991: 141); Martin Heckel (1995: 33ff.); Peter Lerche (1996: 299); vorsichtiger ein österreichischer Beitrag: Ewald Wiederin (1992: 410).

Die verfassungstheoretischen Implikationen der Wiedervereinigung wurden aus der Besorgnis über praktisch-politische Konsequenzen nur sehr zurückhaltend behandelt, obwohl sich zumindest zwei Ansatzpunkte anboten. Zum Ersten legte die von den Schöpfern des Grundgesetzes eigens für die Wiedervereinigung geschaffene Regelung des Art. 146 GG a. F. es nahe, über eine demokratietheoretische Fundierung des Grundgesetzes im Zusammenhang mit der Wiedervereinigung noch einmal nachzudenken. Denn in dieser Norm war das Projekt einer neuen demokratischen Verfassungsgebung für Gesamtdeutschland ausdrücklich vorgesehen. Zudem hätte Gelegenheit bestanden, Anschluss an die bis dahin stark im Hintergrund gebliebenen atlantischen Traditionen zu suchen, die eine Verfassung nicht nur als Rechtstext, sondern auch als Form der Beurkundung einer politischen Neugründung versteht. Dieser Weg wurde vereinzelt beschritten und mit demokratietheoretischen Argumenten die Notwendigkeit entwickelt, aus Anlass der Wiedervereinigung einen gesamtdeutschen verfassunggebenden Prozess einzuleiten.[95] Für die Mehrheit der Disziplin hatte allerdings das Ziel einer weitgehenden Erhaltung des Grundgesetzes Priorität. Auf der anderen Seite hätte der beschrittene Weg eines vertraglich vorbereiteten Beitritts der neuen Länder es nahegelegt, die Kategorie des Verfassungsvertrags neu zu reflektieren, die immerhin sowohl im Moment der Nationalstaatsgründung als auch in der Perspektive einer europäischen Verfassunggebung eine entscheidende Rolle spielt. Dieses Problem wurde jedoch nur vereinzelt aufgearbeitet (Frankenberg 2000: 257).
Die vielleicht bleibendsten wissenschaftlichen Erträge der Wiedervereinigung bestehen deswegen wohl in der verfassungstheoretischen Transformationsforschung, die sich mit der Bedeutung von Recht in politischen Umbruchsituationen beschäftigt und die – das deutsche Beispiel vor Augen – Erfahrungen und Begriffsbildungen vergleichend auf andere Rechtsordnungen, etwa in Mittel- und Osteuropa und in Südafrika, angewendet hat. In diesem Kontext konnte eine historische staatstheoretische Erfahrung die rechtsvergleichende Lite-

95 Dies gilt namentlich für Beiträge von Dieter Grimm, Ulrich K. Preuß und Bernhard Schlink.

ratur stimulieren (Harms 1999), die in der politikwissenschaftlichen Transformationsforschung eine Entsprechung findet.[96]

5. Bewahrung der Souveränität – die Diskussion um den Maastrichter Vertrag

Die europäische Integration hatte die Staatsrechtswissenschaft seit den Römischen Verträgen beschäftigt.[97] Doch führten Staats- und Europarecht lange Zeit eine separate wissenschaftliche Existenz. Mit der funktionalen Deutung der Integration hatte Hans Peter Ipsen für den damaligen Stand der Integration überzeugend dargelegt, dass das Handeln der Europäischen Gemeinschaften keiner eigenständigen Legitimation jenseits der mitgliedstaatlichen Demokratien bedürfe. Zwischen Ipsens Darstellung des Gemeinschaftsrechts aus dem Jahre 1972 und der Anbahnung des Vertrags von Maastricht in den frühen neunziger Jahren hatte der europarechtlich interessierte Teil der Staatsrechtswissenschaft zwar eine gewaltige Menge an Forschung zu allen Facetten des Europarechts geleistet. Zugleich waren aber grundlegende – staatstheoretische – Debatten um die europäische Integration nach wie vor selten. Die in den Zeiten politischer Stagnation der sechziger und siebziger Jahre maßgeblich durch die Rechtsprechung des Europäischen Gerichtshofs (EuGH) vorangetriebene Integration wurde weder von deutschen Gerichten (*Haltern* 2005a: 377 ff.) noch seitens der Rechtswissenschaft ernsthaft in Frage gestellt. Dabei war die vom EuGH angenommene Rolle weder mit der institutionell überlieferten Funktion eines Gerichts noch mit den deutschen Vorstellungen von der Auslegung geschriebenen Rechts ohne Weiteres vereinbar.

Erst mit dem Vertrag von Maastricht wurde die Staatsrechtswissenschaft im Ganzen aus einem gewissen Desinteresse für Grundfragen der europäischen Integration erweckt. Freilich zeigt die Debatte ei-

96 Etwa von Wolfgang Merkel, siehe zuletzt Jens Alber und Wolfgang Merkel (2006) und Wolfgang Merkel (1999b).

97 Oben, II., 5.

nen problematischen Frontverlauf zwischen europaaffirmativ-staatskritischen Europarechtlern und europakritisch-staatsaffirmativen Staatsrechtlern, in dem sich wissenschaftliche Betätigungsfelder zu verfassungspolitischen Positionen verselbstständigten.[98] So blieb die Reaktion auf den Vertrag von Maastricht entweder abwehrend-defensiv oder affirmativ-euphorisch. Die staatsrechtlichen Beiträge beschränkten sich auf die Suche nach verfassungsrechtlichen *Grenzen* der europäischen Integration und interessierten sich kaum für funktionale Äquivalente demokratischer und rechtsstaatlicher Garantien auf der europäischen Ebene, wie sie noch in den sechziger Jahren diskutiert worden waren.[99] Solche Grenzen entwickelte die Disziplin in der Auslegung der Ewigkeitsklausel des Art. 79 Abs. 3 GG,[100] die den auch durch Verfassungsänderung nicht anzutastenden Grundbestand des Grundgesetzes definiert. Neben Demokratie, Rechtsstaatlichkeit und Bundesstaatlichkeit sollte nunmehr auch die »Staatlichkeit der Bundesrepublik Deutschland« selbst gegen eine zu weitgehende europäische Integration geschützt sein. Von dieser Grenze wussten die Verfassunggeber des Grundgesetzes wohl noch nichts. Sie wurde für den Anlass neu erfunden. Erstaunlicherweise spielte die Idee der verfassunggebenden Gewalt des Volkes in den Debatten um den Maastrichter Vertrag eine größere Rolle als im Zusammenhang der Wiedervereinigung.[101] Der Rekurs auf das Volk als Legitimationssubjekt erschien besser geeignet, die europäische Integration aufzuhalten, als dem wiedervereinigten Deutschland eine neue rechtliche Grundlage zu geben.

Auf dieser Linie argumentierte das Bundesverfassungsgericht in seinem Maastricht-Urteil (BVerfGE 89, 155), einer der ganz seltenen Entscheidungen des Bundesverfassungsgerichts mit einem ausdrücklichen staatstheoretischen Gehalt, auch wenn die juristischen Be-

98 Eine Ausnahme ist Marcel Kaufmann (1997).

99 So noch die frühe Diskussion, vgl. oben, II., 5.

100 Zuerst wohl bei Paul Kirchhof (1992: 37). Vorläufer dürfte die auf Staat und Souveränität zugeschnittene einschränkende Auslegung von Art. 24 Abs. 1 GG gewesen sein: Theodor Schilling (1991: 32, 38 ff.).

101 Beispielhaft: Udo Di Fabio (1993: 191); Peter M. Huber (1993); Dietrich Murswiek (1993: 161).

gründungserfordernisse es notwendig machten, den Schutz der Staatlichkeit unter Bezug auf das grundgesetzliche Demokratieprinzip zu bestimmen.[102] Demokratie ist für das Urteil eben eine nur innerstaatlich denkbare Legitimationsform. Im Urteil wurde die souveränitätsorientierte Linie des *Handbuchs* – Paul Kirchhof, einer der Herausgeber, war Berichterstatter im Verfahren – in der Formulierung verfassungsrechtlicher Grenzen der europäischen Integration praktisch wirksam. Ob der Versuch des Gerichts, solche Grenzen zu ziehen, erfolgreich war, lässt sich kaum eindeutig beurteilen, auch wenn der Vertrag von Maastricht in Kraft trat. Immerhin setzten Debatte und Urteil ein in Europa weithin wahrgenommenes Zeichen, das auf die Rechtsprechung des EuGH einen gewissen Einfluss genommen haben dürfte (vergleichend Mayer 2001).

Nur sehr langsam allerdings bewegte sich die Staatsrechtswissenschaft hin zu konstruktiveren Ansätzen, die etwa nach neuen Formen der Legitimation der europäischen Integration fragten. Diese defensive Haltung dürfte sich, jedenfalls im Großen und Ganzen, von der Haltung der Zivilrechtswissenschaft unterscheiden, die in der Verwirklichung des europäischen Binnenmarktes nicht zuallererst die Relativierung demokratischer Rechtsstaatlichkeit wahrnahm, die das öffentliche Recht beschäftigte, sondern das Entstehen einer transnationalen Privatrechtsgesellschaft.[103] Relativiert wird diese Zustimmung freilich in dem Moment, in dem die EU nicht länger als liberaler Privatrechtsregulierer auf den Plan trat, etwa im Bereich der Anti-Diskriminierungsregelung.

Das entscheidende Ereignis für den Schritt zu einer offensiveren Diskussion europäischer Institutionen bildete wohl erst die – später darzustellende – Debatte um die Europäische Verfassung. Eine entsprechende Abwehrhaltung fand sich in der *Verwaltungs*rechtslehre. Statt die europäische Integration als ein Laboratorium für verschiedenste

102 Dies ist auffällig, weil das Bundesverfassungsgericht ansonsten die Einflussmöglichkeiten des Bundestages in auswärtigen Angelegenheiten sehr eng definiert: BVerfGE 68, 1 (86f.); 104, 151 (194).

103 Vgl. etwa als einen frühen vergleichenden Beitrag zur Entstehung des Binnenmarktes: Wulf-Henning Roth (1977).

neue Formen administrativer Praxis zu verstehen,[104] beschränkte sich das überwiegende wissenschaftliche Interesse bis zum Ende der neunziger Jahre ganz auf die Auswirkungen der Europäisierung auf überkommene Institute des deutschen Verwaltungsrechts. Hier wurde europäischer Einfluss zunächst als Bedrohung der gewachsenen deutschen Verwaltungsrechtsdogmatik verstanden[105]. Damit blieben die theoretischen Impulse aus der Staatsrechtslehre bescheiden, vor allem wurde aber das Verständnis der europainternen Entscheidungszusammenhänge kaum gefördert. Unter der in allen Rechtsgebieten verbreiteten Überschrift »Der Einfluss der Europäisierung auf...« wurde das Gemeinschaftsrecht als ein fertiges Produkt verstanden, um dessen Entstehung und staats- oder verfassungstheoretische Einordnung man sich nicht zu kümmern hatte (v. Bogdandy 2001a). Die *Theorie* der europäischen Integration blieb bis auf weiteres den Politikwissenschaften überlasssen.

104 In der Tendenz aber Armin Hatje (1998); Dieter H. Scheuing (1994: 289); Eberhard Schmidt-Aßmann (1996: 270).

105 Mit unterschiedlichen Bewertungen Michael Brenner (1996); Thomas v. Danwitz (1996); Stefan Kadelbach (1999).

IV. Themen der gegenwärtigen Diskussion

Das in den achtziger Jahren erwachte Interesse am Staatsbegriff hat sich bis in die Gegenwart erhalten. Dabei kann es heute nicht mehr darum gehen, eine affirmative Konzeption von Staatlichkeit bestimmten Entwicklungen entgegenzuhalten. Vielmehr dient das Konzept Staat als eine Beschreibungsfolie, anhand derer sich institutionelle Entwicklungen beschreiben und bewerten lassen. Anders formuliert: Jeder ergiebige Bezug auf den Staatsbegriff benutzt diesen, um verabsolutierende Staatskonzeptionen in Frage zu stellen und relativierende Entwicklungen zu erfassen. Dies soll im Folgenden mit Blick auf die Binnenstruktur des Staates (1.), neue Konzeptionen gesellschaftlicher Regulierung durch staatliches Recht (2.) sowie die Europäisierung (3.) und Internationalisierung (4.) einer vormals weitgehend staatlichen Rechtsordnung dargestellt werden.

1. Staatliche Binnenorganisation

Die einflussreichsten und interessantesten staatstheoretisch relevanten Diskussionen im letzten Jahrzehnt des 20. Jahrhunderts spielten sich nicht im Staats-, sondern im Verwaltungsrecht ab. Die Notwendigkeit, sich mit den Gestaltungsversuchen des Gesetzgebers auseinanderzusetzen, die im Verwaltungsrecht dringlicher ist als im Verfassungsrecht, mag dort für ein größeres Maß an Faktensensibilität gesorgt haben. Ein anderes klassisches staatstheoretisches Problem mit massiven verwaltungsrechtlichen Implikationen betraf die Reform des Föderalismus.

Reform des Verwaltungsrechts
Wollte man die Diskussionen um die Reform des Verwaltungsrechts[106] seit den frühen neunziger Jahren auf eine Frage kondensie-

106 Siehe zum Beispiel die von Wolfgang Hoffmann-Riem und Eberhard Schmidt-Aßmann herausgegebene Reihe zur Reform des Verwaltungsrechts (1993-2004)

ren, so könnte diese lauten: Wie zutreffend beschreibt das rechtsstaatliche Paradigma das gegenwärtige Verwaltungsrecht und wie zutreffend *sollte* es dieses beschreiben? Seit den siebziger Jahren machte sich in Teilen der Staatsrechtslehre ein Unbehagen an einem zu engen Festhalten an klassischen Paradigmen staatlicher Verwaltung breit. Empirische Erkenntnisse und zeitdiagnostische Vermutungen über den Stand der staatlichen Verwaltung hatten, wie gezeigt, solche Zweifel genährt.[107] Die Administration als einseitig hoheitlich handelndes, nur an Recht gebundenes und hierarchisch organisiertes Subjekt zu verstehen, stieß, wie beschrieben, auf zwei Arten von Skepsis: Legitimationstheoretisch erschien diese Konzeption von Verwaltung als zu obrigkeitlich. Empirisch erschien sie unrealistisch. Bei solchen – allerdings durchweg umstrittenen[108] – negativen Befunden konnte es aber schlecht bleiben. Vielmehr stellte sich die Frage, welche Folgen solche Diskussionen für den rechtswissenschaftlichen Umgang mit Verwaltung und Verwaltungsrecht haben konnten: Insoweit erweiterte die Debatte um die Reform des Verwaltungsrechts zunächst die Perspektiven, beispielsweise um die Zusammenhänge zwischen öffentlichem und Privatrecht (Schmidt-Aßmann/Hoffmann-Riem 1996), um ein gewachsenes Interesse an Problemen des Organisationsrechts oder um die Bedeutung der Informationsaufbereitung für die Verwaltung (Hoffmann-Riem/Schmidt-Aßmann 2000).

Diese Überlegungen wurden in verschiedenen Formen konsolidiert (Schmidt-Aßmann 2004; Hoffmann-Riem u. a. 2006-2008). Viele dieser Beiträge verbindet die Einsicht, dass sich die Verwaltungsrechtswissenschaft von ihrer ausgeprägten Orientierung am Rechtsschutz lösen müsse und sich an Probleme der Entscheidungsfindung durch die Verwaltung heranzuwagen habe (Schuppert 1993b: 65). Freilich blieb das methodische Problem, wie sich bestimmte aus anderen Disziplinen ausgeborgte Erkenntnisse in einen juristischen Kontext verfrachten lassen sollten, ungelöst. Ein reger Import an ge-

und darin den Überblick zur Steuerungsdebatte von Eberhard Schmidt-Aßmann (1997: 9).

107 Oben, II., 1.

108 Zum Überblick über die in der Debatte verborgenen Theorieprobleme siehe Christoph Möllers (1999: 187, 197 ff.).

rade aktuellen Begrifflichkeiten (Voßkuhle 2001a: 185) vermochte diese Frage nicht befriedigend zu beantworten, zumal die Diskussion nicht selten in geschichtsphilosophisch aufgeladenen narrativen Mustern geführt, etwa die Kooperation zwischen Staat und Privaten als »Ende des Obrigkeits-Staates« gedeutet wurde.[109]
Eine wichtige Option, den Realitätsbezug des Verwaltungsrechts zu erhöhen und seine methodische Integrität zu bewahren, bestand darin, die Palette der systematisch zu untersuchenden Rechtsmaterien zu erweitern (Schmidt-Aßmann 2004) und die – maßgeblich durch das klassische System Otto Mayers verursachte – Beschränkung auf bestimmte Regelungsmaterien, wie das Polizei-, Bau- oder Kommunalrecht, zu überwinden. Dieser Prozess der »Verallgemeinerung des Allgemeinen Verwaltungsrechts« ist mit Blick gerade auf praktisch wesentliche Gebiete wie das Sozial- und das Steuerrecht bis heute nicht abgeschlossen. Das bedeutet, dass zentrale rechtlich ausgestaltete Handlungsfelder des Staates als Spezialistenmaterie vor den Türen der rechtswissenschaftlichen Diskussionen bleiben – und rechtspolitisch problematische Spezialistendogmatiken entstehen, die sich dem allgemeinen juristischen Diskurs nicht mehr stellen (Schmidt-Aßmann 2004: 3 ff.). Dadurch bleibt die rechtlich vermittelte Vorstellung administrierender Staatstätigkeit in der verwaltungsrechtlichen Konzeption unvermeidlich selektiv, auch wenn sich die Perspektive ganz wesentlich erweitert hat. Dringend notwendig erscheint in diesem Bereich ein intensiverer Rechtsvergleich.[110]
Neben einer Erweiterung möglicher Forschungsgegenstände ergaben sich methodische Neuerungen, die teilweise an die bereits vorgestellten Beiträge zur Wiederentdeckung der Staatswissenschaften anknüpften. Vielleicht am ergiebigsten, wenn auch noch wenig ausge-

109 Zum durchgehend wenig überzeugenden Umgang mit Geschichte in diesem Kontext: Christoph Möllers (2004a: 133). Solche Kooperation kann man natürlich auch gerade umgekehrt als typisch obrigkeitsstaatliche Kompensation autoritärer Strukturen deuten. So der Hinweis von Irina Lipowicz vor dem Hintergrund polnischer Erfahrungen.

110 Eine historisch vergleichende europäische Verwaltungsgeschichte ist Lutz Raphael (2000). Siehe auch die Beiträge im Jahrbuch für Europäische Verwaltungsgeschichte.

schöpft, ist dabei die ökonomische Analyse des Verwaltungsrechts.[111] Perspektiven, die aus der Praxis der kommunalen Selbstverwaltung kommenden Diskussionen theoretisch anzureichern, werden entwickelt.[112] Darüber hinaus sind die Angebote der politikwissenschaftlichen Verwaltungstheorie sicher nicht immer ausreichend wahrgenommen worden.[113]

Eine intensivere Auseinandersetzung lässt sich mit der soziologischen Systemtheorie verbuchen. Diese Debatte verlief empirieferner und theoretischer, als es bei einem gezielteren Rekurs auf konkretere sozialwissenschaftliche Erkenntnisse möglich gewesen wäre. Das systemtheoretische Paradigma in der Version Niklas Luhmanns erschien, obwohl es in vergleichbaren Diskussionen im Ausland keine solche Rolle spielte wie in Deutschland, deswegen besonders interessant, weil in ihm Grundkategorien des Verwaltungsrechts,[114] etwa die Rechtsbindung der Administration oder die Übergeordnetheit des politischen Systems über andere gesellschaftliche Funktionssysteme, von einem Autor grundsätzlich in Frage gestellt wurden, der als juristisch ausgebildeter Verwaltungswissenschaftler begonnen hatte. So konnte die noch eingehender darzustellende Frage nach gesellschaftlichen Interventionsmöglichkeiten durch das Verwaltungsrecht mit Hilfe der Systemtheorie diskutiert werden (Luhmann 1986; Willke 2001). Auch wenn letztlich nicht klar ist, ob systemtheoretische Kategorien nicht zu abstrakt angelegt sind, um für verwaltungsrechtliche Probleme relevante Unterscheidungen bereit zu halten, ist die Auseinandersetzung mit der Systemtheorie die wohl bedeutendste staatstheoretische Diskussion der letzten Jahre – vielleicht auch, weil es ihr gelang, die an einen toten Punkt gekommene Debatte um die Unterscheidbarkeit von Staat und Gesellschaft mit Hilfe der Unterscheidung von Funktionssystemen heuristisch beiseite zu lassen.

111 Am weitestgehenden für das Umweltrecht betrieben. Zur Diskussion: Oliver Lepsius (1999a: 429); Christoph Engel und Martin Morlok (1998).

112 Vgl. mit ganz unterschiedlichen Ansätzen: Veith Mehde (2000); Susanne Baer (2000).

113 Vgl. etwa mit Blick auf das juristisch breit diskutierte verwaltungsrechtliche Kooperationsprinzip die umfassende Untersuchung von Arthur Benz (1997).

114 Anschaulich wird dies an den kontroversen Positionen von Oliver Lepsius (1999b) und Thomas Vesting (2001: 299).

Reform des Föderalismus
In den sechziger Jahren hatte Konrad Hesse in einem einflussreichen Beitrag weitgehend unwidersprochen festgestellt, dass das föderale System des Grundgesetzes gerade nicht auf Vielheit und Differenz ausgerichtet sei, dass es seine eigentliche institutionelle Erfüllung weniger in der demokratischen Selbstbestimmung von Landesvölkern und Landesparlamenten finde als vielmehr in der Beteiligung der Landesregierungen an der Bundespolitik (Hesse (1961) 1984: 16). Das bundesstaatliche System sei von einem sozialstaatlichen Bedürfnis nach Einheitlichkeit überwölbt (Böckenförde 1980: 182). Diese Diagnosen werden noch in den siebziger Jahren durchaus ohne kritischen Unterton getroffen. Die rechtliche Unitarisierung der Bundesrepublik und die – als »kooperativer Föderalismus« positiv gewendete – administrative Verflechtung staatlicher Ebenen fanden als Ausdruck neuer Regelungsnotwendigkeiten Anerkennung.[115] Ein solcher Duktus passte ins Bild einer grundsätzlich positiven Haltung zu zentralisierter Planung und Regulierung. Die sich daran entzündenden Legitimationsprobleme stießen kaum auf wissenschaftliches Interesse. Wofür bedurfte es eigentlich eines aufwändigen föderalen Systems, wenn ohnehin alles vereinheitlicht werden sollte? Wie stand es mit der demokratischen Legitimation der entstehenden Verflechtungsstrukturen? Noch bis nach der Wiedervereinigung wurden solche Fragen nur ausnahmsweise gestellt, Verfassungsänderungen führten regelmäßig mit Zustimmung des Bundesrates weitere Kompetenzen von den Ländern zum Bund, so wie sich in der politischen Auseinandersetzung eigentlich nur noch der Freistaat Bayern konsequent für eine föderale Ordnung engagierte (Lerche 1968). Erst in den späten achtziger Jahren begann die staatsrechtliche Diskussion die Kompetenzauszehrung der Bundesländer wissenschaftlich aufzuarbeiten (Eicher 1988). Es dauerte bis in die neunziger Jahre, bevor sich im öffentlichen Recht eine Debatte um die problematischen Beziehungen zwischen der bundesstaatlichen Form und dem Demo-

115 Umfassend zur Diskussion: Stefan Oeter (1998b); zu einem Über- und Ausblick aus politikwissenschaftlicher Perspektive vgl. auch Stephan Leibfried, Francis G. Castles und Herbert Obinger u. a. (2005: 307).

kratieprinzip entwickelt hatte (Eckertz 1995: 13; Hanebeck 2004; Möllers 1997: 81).

Die beiden Bundesstaatsreformen 1994 und 2006 kehrten die Entwicklung zugunsten der Länder um, ohne dass die Wissenschaft zu diesem Wechsel der föderalen Bewegungsrichtung viel beigetragen hätte. Dezidiert föderale Theorien, seien es demokratietheoretisch angeleitet oder institutionenökonomisch inspirierte Beiträge,[116] blieben die Ausnahme. Versuche, die überkommene und immer noch im Schatten des Kaiserreichs stehende deutsche Bundesstaatstheorie[117] samt ihrer Leitunterscheidung zwischen Bundesstaat und Staatenbund weiterzuentwickeln, sind aber mit Blick auf die europäische Integration zu beobachten.[118] Der Dialog der Bundesstaatslehre mit der politischen Ökonomie bleibt die Ausnahme, auch wenn das Interesse an Kategorien des Wettbewerbsföderalismus zunimmt (Mehde 2005). Allerdings warfen und werfen die beiden Bundesstaatsreformen viele rechtstechnische Fragen auf, die weiterhin die Energien der Disziplin an klassische Probleme binden werden.

2. Paradigmen staatlicher Gesellschaftsgestaltung

Nicht allein aus einer staats- oder verwaltungs*internen* Perspektive stand der Staat seit den regulierungsskeptischen Diagnosen der späten siebziger Jahre unter misstrauischer Beobachtung, sondern auch in Hinsicht auf die Frage, inwieweit staatliche Regelungen jenseits des Ausdrucks demokratisch legitimierter Intentionen empirisch feststellbare Wirkungen auf die Gesellschaft nehmen können. Die alte Formel von der »inneren Souveränität« des Staats hatte sich als »Regulierungsfähigkeit« zu beweisen oder sie war aufzugeben. In der aktuellen Debatte werden vor diesem Hintergrund verschiedene Paradigmen von Regulierung diskutiert. Dabei leistete eine systemtheoretisch inspirierte Konzeption ihren theoretischen Beitrag.[119]

116 Als Ausnahme: Stefan Oeter (1998a: 119).
117 Zur Kritik von Greber und Schönberger bereits oben, Vorgeschichten, I., 2.
118 Sogleich unten, IV., 3 u. 4.
119 Sehr einflussreich war das Paradigma der gesellschaftlichen Selbstregulierung. Sys-

Zwei dieser Ansätze scheinen von zentraler Bedeutung: die Fortsetzung der Privatisierungsdebatte im Konzept der Gewährleistungsregulierung (Eifert, 1998) und die Fortsetzung einer ursprünglich sozialstaatlichen Konzeption[120] in der Idee der Vorsorge, die für ganz unterschiedliche Gebiete des Verwaltungsrechts Bedeutung gewonnen hat.

Paradigma Gewährleistung

Stand zu Beginn der Privatisierungsdebatte die Vorstellung im Vordergrund, dass der Staat ganze Agenden in die vollständige Privatheit entlassen und sie ausschließlich zum Gegenstand der Zivilrechtsordnung machen werde, so zeigte sich spätestens mit dem seit den achtziger Jahren spürbaren europarechtlichen Druck zur Privatisierung der Infrastruktur, dass dies für sehr viele Sektoren staatlichen Handelns nicht gelingen konnte. Es mussten vielmehr Strukturen entwickelt werden, die dem Staat eine Rückfallposition beließen, aber im Normalfall auf die Organisation des Marktes vertrauten. Die Notwendigkeit, solche Konzeptionen zu entwickeln, war – trotz altbekannter Krisendiagnosen von innen, die die staatlichen Infrastrukturleistungen betrafen – letztlich erst mit Durchsetzung des europäischen Binnenmarktes geboten. In den achtziger Jahren entwickelte die Europäische Kommission weitestgehend aus eigener Regelungsgewalt und gegen den Widerstand der Mitgliedstaaten Konzeptionen, in denen hoheitliches Handeln einerseits in privaten Formen des Marktes organisiert werden sollte, andererseits aber staatliche Leistungsgarantien für jedermann gegeben werden mussten.

Für das Verständnis staatlichen Handelns hatte dies weit reichende Konsequenzen. Denn die Vorstellung, der Staat agiere entweder selbst oder überlasse dies dem Markt, wurde in der wissenschaftlichen Diskussion von einer subtilen Heuristik staatlicher Verantwortungsstufen abgelöst (kritisch Röhl 1996: 487). Das bedeutete auch, dass

tematisch entwickelt bei: Gunther Teubner (1984: 109); Gunther Teubner und Hellmuth Willke (1984: 4). Kritisch: Niklas Luhmann (1985: 1). Diese Diskussion wurde von der Staatsrechtslehre breit rezipiert: Hans-Heinrich Trute (1996: 950); Matthias Schmidt-Preuß und Udo Di Fabio (1997: 160, 235).

120 Zu diesen Ursprüngen insbesondere François Ewald (1993).

bestimmte Privatisierungsentscheidungen dazu führen konnten, die staatliche Regelproduktion nicht zu verringern, sondern gerade zu erhöhen. Dies gilt bis in die Gegenwart nicht nur für die Definition von Minimalleistungen an Infrastruktur (Universaldienst, Grundversorgung), die der Bürger nunmehr von Privatunternehmen verlangen kann, sondern auch mit Blick auf die Ermöglichung von Konkurrenz als solcher. Staatliche Regeln und Wettbewerb stehen nicht in Widerspruch, sondern in einem Ermöglichungsverhältnis zueinander. Im Ergebnis tritt in der Gewährleistungskonzeption administrierendes Staatshandeln zugunsten von Regelsetzung zurück – ein Zusammenhang, der nicht zuletzt deswegen wichtig ist, weil hier die Regeln auf einer hoheitlichen Ebene, der europäischen, gesetzt, aber auf einer anderen, der nationalen, angewendet werden.

Die Auseinandersetzung um den Gewährleistungsstaat stellt ein gutes Beispiel dafür dar, wie die Wissenschaft vom öffentlichen Recht zu einer gegenwartsangemessenen staatstheoretischen Diskussion beitragen kann. Allein die Kenntnis des komplexen rechtlichen Rahmens und der praktischen Probleme seiner Implementation, im Konflikt zwischen Gerichten und Behörden, vermittelt einen hohen Grad an institutionellem Beschreibungswert. Die Aufarbeitung der Rechtslage kann als ein Beschreibungsangebot verstanden werden, das von anderen Disziplinen zu nutzen wäre. Zudem gestatten die Gebiete des Regulierungsrechts eine besonders enge, methodisch kontrollierte Zusammenarbeit zwischen den traditionell getrennten Gebieten des öffentlichen und des Privatrechts wie zwischen Rechtswissenschaften und Institutionenökonomik.[121] Sollte sich die These bestätigen, dass die Gewährleistungsverwaltung als dritter Typ neben Ordnungs- und Leistungsverwaltung zu stellen ist (Voßkuhle 2003), dann wäre dies ein ebenso präziser wie genuin juristischer Beitrag zur wissenschaftlichen Aufarbeitung der aktuellen Transformation des Staates.

Das Regulierungsverwaltungsrecht ist geeignet, verbreitete Vorstellungen des Verhältnisses zwischen staatlicher Regelsetzung und frei-

121 Beispiele finden sich auch in den Berichten der Monopolkommission.

em Wettbewerb einer neuen differenzierten Überprüfung auszusetzen. Denn die Regulierung geht deutlich über das gewohnte deutsche Ideal der Ordnungspolitik durch Wettbewerbsrecht (Manow 2001: 179) hinaus – und die mit der Regulierung verbundenen sozialpolitischen Ziele lassen vermuten, dass sich ein spezielles Regulierungsverwaltungsrecht mit dem Erreichen von funktionierenden privatisierten Infrastrukturmärkten nicht völlig erledigt haben muss.

Paradigma Risikovorsorge und Staatszweck Sicherheit

Bereits an der Wende vom 19. zum 20. Jahrhundert stellte sich die Frage nach dem Umgang mit nicht vorhersehbaren Risiken technischer Errungenschaften wie der Dampfkesseltechnik. Mit der verschuldensunabhängigen Gefährdungshaftung wurde ein Konzept entwickelt, das im Prinzip auf zurechenbare Akteure als Rechtssubjekte verzichtete (Vec 2003; Grimm 2001: 9) und sich herkömmlichen rechtsphilosophisch inspirierten Vorstellungen angemessener Regulierung nicht fügte (Ewald 1993). Das Thema des Umgangs mit Gefahren und Risiken blieb dem öffentlichen Recht unter dem Grundgesetz vor allem im Atom- und Technikrecht von Beginn an erhalten. Zu einem grundlegenden Paradigma des öffentlichen Rechts wurde es aus verschiedenen Gründen aber deutlich später: Erst mit der Etablierung des Umweltrechts als eigenem Rechtsgebiet tauchten technikrechtliche Fragen in einem verallgemeinerungsfähigen Kontext auf. Im Polizeirecht, dem Recht der *Gefahrenabwehr*, wie es traditionell genannt wurde, musste man sich seinerseits Gedanken über den Begriff der Gefahr machen.[122] Das gestattete es, den Begriff des Risikos innerhalb eines Beschreibungsrahmens zu entwickeln, der sich nicht auf technikrechtliche Probleme beschränken musste (Wahl 2006: 70ff.).

Die Debatte um die Risikovorsorge, die die Rechtswissenschaften maßgeblich aus der Soziologie übernommen haben (Beck 1986), gilt der Frage, inwieweit mit administrativem Unwissen, welches Rechts-

122 Hans-Heinrich Trute (1999b: 403ff.). Zu Divergenzen innerhalb der Rechtsprechung hinsichtlich der Anwendbarkeit des Gefahrbegriffs: Hans-Heinrich Trute (1999a: 91ff.).

güter bedroht, anders umzugehen ist als mit den klassischen Mitteln des Polizeirechts, zu dem das Technikrecht ursprünglich gehörte.[123] Mit dem Begriff der Vorsorge wird dabei zunächst nur eine zeitliche Vorverlegung hoheitlichen Handelns bezeichnet, in der der Staat sein eigenes Unwissen reflektiert und sich und/oder Private dazu verpflichtet, die eigenen Mittel der Wissensgewinnung permanent zu aktualisieren. Von einer Risikoregulierung wird man insbesondere sprechen können, wenn die Quellen bestimmter Bedrohungen eines Rechtsgutes nicht ohne Weiteres identifizierbar sind und nicht als Träger definierter Rechtspflichten adressiert werden können. Kriterien administrativen Handelns werden in die Zukunft verlegt. Dieser Trend ist in der alten Unterscheidung zwischen präventivem und repressivem Verwaltungshandeln bereits angelegt, wird aber durch das Risikoparadigma noch verschärft. Zukunftsorientierung und unsicherer Informationsstand provozieren die Suche nach anderen Handlungsformen und Handlungskriterien. Wenn es an identifizierbaren Ereignissen als Anlass für einen Eingriff fehlt, wird das Sammeln von Informationen vordringlich. Wenn sich Verursacher oder »Störer« nicht identifizieren lassen, treten andere Maßstäbe des Verwaltungshandelns in den Vordergrund, etwa statistische Kriterien.

Für eine klassische Konzeption eines rechtsstaatlichen Verwaltungsrechts enthalten diese Transformationen, gerade mit Blick auf das Polizeirecht, eine Menge Zumutungen (Lepsius 2004b: 64). Denn Maßstäbe der Gesetzesbindung der Verwaltung, der Erwartungssicherheit möglicher Eingriffsadressaten oder der Verhältnismäßigkeit eines Eingriffs werden durch das Vorsorgeparadigma entweder relativiert oder gleiten an diesen Regelungstechniken mehr oder weniger ab. Bemerkenswerterweise erweist sich die Rechtsprechung des Bundesverfassungsgerichts trotz aller Bedrohungsszenarien in der Anwendung der Grundrechte gegenüber dem allgemeinen Sicherheitsparadigma als verhältnismäßig widerständig. Zudem muss nicht alle Kritik am Vordringen des Vorsorgeparadigmas in Kategorien des 19. Jahrhunderts befangen sein. Denn erkenntnistheoretische und

123 Zur Diskussion durchaus kontrovers Arno Scherzberg und Oliver Lepsius (2004).

institutionenökonomische Argumente können auch dagegen sprechen, den Staat zu immer weiteren rechtsförmigen Antizipationsstrategien zu bringen und dadurch Bindungen zu erzeugen, die allein auf Prognosen beruhen (Sunstein 2007).

In diesen Kontext gehört die erstaunliche Renaissance des Sicherheitsbegriffs und der Staatszwecklehren (Calliess 2002: 1; Kritik bei Gusy 2004). Die alte, nicht erst vordemokratische, sondern vorrechtsstaatliche Idee eines ungeschriebenen staatlichen Sicherheitszwecks (Möllers 2000: Kap. 9) ist in den letzten Jahren, namentlich angesichts des islamistischen Terrorismus, wieder häufiger angerufen worden, um Eingriffe in Grundrechtspositionen zu rechtfertigen. Schon der Begriffsgebrauch dokumentiert, dass sich in der Diskussion mitunter ganz Neues und ganz Altes auf eine schwer zu trennende Art und Weise verbinden. Wie fundamentalistisch der Rekurs auf ungeschriebene Sicherheitszwecke wirkt, zeigte sich dann nicht zufällig an seinen Auswirkungen auf die Auslegung der Menschenwürdegarantie des Grundgesetzes. Diese galt seit 1949 als eine fast schon spirituelle Fundierung der Verfassung, als Ausdruck einer verbindlichen und unabänderlichen Absage an jede Form des Totalitarismus, über deren Inhalt man sich im Angesicht bestimmter Grauen schnell einig würde (Haltern 2006). In den letzten Jahren wurden einstmals völlig unbestrittene Gehalte dieser Garantie, namentlich das absolute Folterverbot, im Namen des staatlichen Sicherheitszwecks in Frage gestellt (Darstellung und Kritik: Beestermann/Brunkhorst 2006). Je fundamentaler staatstheoretisch die Argumentation ansetzt, desto eher gelingt es ihr auch, unabänderliche Garantien des Grundgesetzes zu relativieren. Auffälligerweise entzog sich das Bundesverfassungsgericht dieser Logik ausdrücklich, indem es an einem sehr ausgreifenden Verständnis der Menschenwürde festhielt.[124]

Eine staatstheoretisch angemessene Diskussion müsste das Vorsorgeparadigma auf einem höheren Abstraktionsniveau diskutieren und mit weiteren Regelungstechniken in Verbindung bringen. So erscheint es nicht konsequent, dass das Stichwort Sicherheit im Bereich

124 BVerfGE 115, 118.

der Umwelt- und Polizeiregulierung als ein positiv besetztes Ziel verwendet wird, während sich seine Ambivalenz auf dem Gebiet der Sozialstaatlichkeit – zu Recht – mit Blick auf notwendige Unsicherheiten jeder Freiheitswahrnehmung deutlicher formuliert findet.[125] Ein systematischer Vergleich unterschiedlicher Regulierungsfelder gerade hinsichtlich der Fragen des Umgangs von Recht mit Zeit und mit Unwissen fehlt jedoch. Bemerkenswert ist insbesondere, dass bislang keine intensivere Debatte um die Theorie des Sozialstaats geführt wurde, die den Diskussionen über Risiko- oder Selbstregulierung argumentativ ebenbürtig wäre (aber jetzt: Heinig 2008).

3. Supranationalität und Europäische Verfassung

Es gehört zur binären Logik des Souveränitätsbegriffs, dass man sich in einem inkrementalen Integrationsprozess sinnvoll nur einmal auf ihn berufen kann. Ist die Souveränität erst einmal verloren, so braucht man nicht mehr über sie zu diskutieren. Dies war in der deutschen Diskussion um den Vertrag von Maastricht der Fall, die, wie gezeigt, vornehmlich defensiv, also auf Abwehr, nicht auf Ausgestaltung der europäischen Integration angelegt war.[126] Nach dem Inkrafttreten des Maastrichter Vertrags schritt die Integration in nicht unbedeutenden Schritten vorwärts,[127] ohne dass es zu ähnlichen Diskussionen gekommen wäre. Weitere Kompetenzverluste ließen sich nicht mehr in der gleichen Weise mit der Dramatik des Souveränitätsbegriffs in Verbindung bringen.

Spätestens anlässlich des jedenfalls nominal gescheiterten Projekts für einen europäischen Verfassungsvertrag begann die staats- und europarechtliche Diskussion, die konstruktiven Züge wieder zu gewinnen, die die frühe Europäisierungsdebatte prägten.[128] Die Frage nach

125 Vergleichend zum Sicherheitsbegriff aus soziologischer Sicht: Robert Castel (2005: 13ff.).

126 Oben, III., 5.

127 Namentlich zur Bedeutung des Amsterdamer Vertrags: Armin von Bogdandy (1999).

128 Oben, II., 5.

angemessenen theoretischen Konzepten für die Beschreibung der EU wurde nun ambitionierter: Einerseits waren die begrifflichen Vorbelastungen der konstitutionellen Staatstheorie – wie etwa die alte, auf die Situation der Reichsgründung zugeschnittene Unterscheidung zwischen Bundesstaat und Staatenbund – abzustreifen. Andererseits konnte die föderale Erfahrung, die man in der deutschen Verfassungsgeschichte gemacht hatte, verwendet werden, um die institutionelle Entwicklung der europäischen Integration zu beschreiben und zu bewerten (Schönberger 2006a; Dann 2004). Schließlich wird endlich damit begonnen, die Potenziale des föderalen Rechtsvergleichs für die Untersuchung der europäischen Integration zu nutzen.[129] Ohne die Neuheit des europäischen Arrangements zu leugnen, gestattet es der vergleichende Blick auf die Entwicklung subjektiver Rechte in entstehenden föderativen Ordnungen oder auf Strukturen der Gewaltenteilung, präzisere Begriffe für die rechtlich-institutionelle Seite der europäischen Integration zu finden und an die vergleichenden Diskussionen namentlich in der amerikanischen Europarechtsforschung anzuknüpfen.[130] Staatstheoretische Perspektiven ergeben sich also aus einer verfassungshistorisch, rechtsvergleichend und demokratietheoretisch inspirierten Weiterentwicklung der überlieferten Kategorienwelt, die sich nicht mehr mit der lange Zeit vorherrschenden begrifflichen Bankrotterklärung zufrieden geben will, die EU sei ein Gebilde *sui generis* zwischen Bundesstaat und Staatenbund. Begriffe wie »Bund« oder »Mehrebenen-System« funktionieren als Anknüpfungspunkte für einen strukturellen Rechtsvergleich. Die europäische Verfassungsdebatte führte zu einem deutlich gewachsenen Interesse an legitimationstheoretischen Problemen (v. Bogdandy 2003). Die Wiederentdeckung der Legitimationstheorie für das öffentliche Recht könnte von nicht zu überschätzender Bedeutung für die Diskussionsentwicklung im öffentlichen Recht im Ganzen werden.

Eine ähnliche Entwicklung zeigt sich im Verwaltungsrecht, dessen

129 Vorbildlich aus der Schweiz: Giovanni Biaggini (1996).

130 Terence Sandalow und Eric Stein (1982: 1, 24 ff.); Francis Jacobs und Kenneth Karst (1986: 169, 204 ff.).

Perspektive, wie gezeigt, lange vornehmlich auf Veränderungen des deutschen Rechts und deren Abwehr beschränkt blieb. Wie Verwaltungsrecht auf der europäischen Ebene selbst funktioniert, blieb unterbelichtet. Die Diskussion begnügte sich häufig mit dem Hinweis auf die Unterscheidung zwischen der europäischen Eigenverwaltung einerseits und der administrativen Anwendung des Gemeinschaftsrechts durch die Mitgliedsstaaten andererseits. Diese Unterscheidung konnte aber gerade die typischen komplexen Kooperationsstrukturen zwischen staatlichen und europäischen Behörden nicht erfassen.[131] Nunmehr verfeinert sich der Blick für die administrativen Verflechtungen zwischen europäischer und mitgliedstaatlicher Ebene. Dies eröffnet Perspektiven sowohl für die Besonderheiten der europäischen Verbundverwaltung als auch für Gemeinsamkeiten mit dem deutschen Verflechtungsföderalismus, die – einmal mehr – von den Politikwissenschaften schon lange bemerkt worden waren (Scharpf 1985: 323). Vergleichende Untersuchungen zum deutschen und europäischen Ausschusswesen (Haibach 1999: 98), zu verselbstständigten Verwaltungseinheiten auf europäischer Ebene (Fischer-Appelt 1999; Löhr 2001: 135) und zum Umgang mit Informationen gerade unter den spezifisch schwierigen Bedingungen des europäischen Vollzugs (v. Bogdandy 2000: 133) dokumentieren das gewachsene Interesse an administrativen Phänomenen – und das Potenzial zu engerer Zusammenarbeit zwischen Rechts- und Sozialwissenschaften (Obinger u. a. 2005: 505; Graser 2001). Zudem hat die europäische Eigenverwaltung eine eigene, durchaus problematische Geschichte der Verwaltungsreform. Auf wenigen Gebieten scheinen sich politikwissenschaftliche und juristische Beiträge so nah beieinander zu bewegen wie bei der Erforschung europäischer Verwaltungsagenden (Joerges/Neyer 1997: 273; Joerges/Falke 2000: 17).

Die zentrale theoretische Debatte zur europäischen Integration dreht sich weiterhin um die Anwendbarkeit des Verfassungsbegriffs: Polaren Positionen, die ihn entweder auf die Organisation staatlicher

131 Kritik bei Dieter H. Scheuing (1994) und Eberhard Schmidt-Aßmann (1996).

Strukturen beschränken[132] (Grimm 1995: 581) oder den Stand der europäischen Integration ohne Durchsetzung des Verfassungsvertrags umstandslos mit einem dann freilich stark relativierten Verfassungsbegriff gleichsetzen wollen (Pernice 2001: 148), stehen neben historisch- oder vergleichend-vermittelnden Beiträgen, die zumindest die mögliche Verlustbilanz einer solchen Übertragung festzuhalten suchen oder darüber nachdenken, welche konkreten institutionellen Konsequenzen sich mit der Entscheidung für einen europäischen Verfassungsbegriff verbinden (Möllers 2003: 1). Die seit dem Kaiserreich weitgehend in Vergessenheit geratene Kategorie des Verfassungsvertrags könnte nun theoretisch wiederentdeckt werden (Frankenberg 2000: 257ff.).

Die Diskussion um den Verfassungscharakter der Europäischen Rechtsordnung scheint eine der wenigen verbleibenden Debatten der klassischen Staatstheorie zu sein, die sich nach dem vorläufigen Scheitern des Verfassungsbegriffs für die europäische Integration nicht einfach erledigt haben dürfte. Damit verbindet sich aber der ironische Umstand, dass sich Staatstheorie heute maßgeblich auf derjenigen Ebene abspielt, die den Nationalstaat transzendiert. Der seit der Weimarer Republik, wenn auch mit einigen Rückfällen, erkennbare Trend, grundlegende Probleme des öffentlichen Rechts anhand des Verfassungsbegriffs statt anhand des Staatsbegriffs zu diskutieren, findet sich durch diese Diskussion bestätigt. Für Probleme der Europäisierung und Internationalisierung, die nach einem internationalen wissenschaftlichen Diskussionsrahmen verlangen, stellt der Staatsbegriff – nicht zuletzt wegen der fehlenden Übersetzbarkeit nicht des Wortes, sondern des juristischen Konzepts – kein ergiebiges *tertium comparationis* dar.

132 In der Tendenz wohl auch Ulrich Haltern (2005 a und b).

4. Globalisierung

Wie viele große Themen erreichte die Globalisierungsdebatte die Rechtswissenschaften mit einer charakteristischen Verzögerung wohl kaum früher als in der zweiten Hälfte der neunziger Jahre (Di Fabio 1998; Di Fabio, 2001; Ruffert 2004). Die allgemeine Erklärung für die im Verhältnis zu den Sozialwissenschaften stets zu beobachtende verspätete Reaktion der Rechtswissenschaften lässt sich für die Internationalisierung des Rechts spezifizieren: Rechtsakte, die aus internationalen Kooperationszusammenhängen entstehen, sind von rein deutschen nicht ohne Weiteres zu unterscheiden und gebieten nicht notwendig einen spezifischen methodischen Umgang, nachdem sie in deutsches Recht transformiert wurden. Zudem filtert das Europarecht viele Globalisierungsphänomene. Dies gilt namentlich für das mittlerweile breit diskutierte Welthandelsrecht. Der Abschluss der Uruguay-Runde, mit dem die WTO gegründet wurde, führte in Deutschland anders als in den USA nicht zu einer Souveränitätsdebatte. Dies hängt auch damit zusammen, dass die entsprechenden politischen Entscheidungen auf europäischer Ebene getroffen wurden und daher weniger Aufmerksamkeit in den nationalen demokratischen Öffentlichkeiten erregen konnten. Viele andere wichtige Globalisierungsphänomene spielen sich auf der Ebene des Verwaltungsrechts ab. Unauffällig werden Normen durch den Gesetzgeber geändert, ohne dass leicht zu erkennen wäre, dass diese Änderungen durch internationale Vereinbarungen veranlasst sind. Ihre Analyse fiel der vergleichsweise strengen Arbeitsteilung zwischen Völkerrecht und Verwaltungsrecht zum Opfer, die erst seit Kurzem in Frage gestellt wird.

Konstitutionalisierung des Völkerrechts

Unter den Bedingungen des herrschenden und im Grundgesetz relativ deutlich festgeschriebenen völkerrechtlichen Dualismus konnte die Völkerrechtswissenschaft ein weitgehendes akademisches Eigenleben führen, das jede übergreifende Debatte über die Globalisierung des Rechts wenig vordringlich erscheinen ließ. Anders formuliert: So-

lange internationale Bindungen nach den Regeln der völkerrechtlichen Rechtsquellenlehre durch Vertrag entstanden, um dann in deutsches Recht transformiert und dort wie deutsches Recht behandelt zu werden, konnte man die Internationalisierung des Rechts in den seit dem 19. Jahrhundert gewohnten Bahnen diskutieren (Triepel 1899): Völkerrecht und Staatsrecht waren prinzipiell gut unterscheidbare Sphären. Schon das europäische Gemeinschaftsrecht war nach diesem Schema nicht mehr zu verstehen. Das Europarecht kann auch direkt, also ohne staatlichen Umsetzungsakt, Rechte und Pflichten der Bürger begründen. Die unmittelbare Bedeutung internationaler Verpflichtungen zeigt sich nunmehr namentlich in drei Entwicklungen: in einer die deutsche Rechtsordnung mehr und mehr berührenden Rechtsprechung des Europäischen Gerichtshofs für Menschenrechte;[133] in der Zunahme internationaler Tribunale, die Entscheidungen unabhängig von intergouvernementalen Aushandlungsprozessen treffen; und in der zunehmenden Rechtserzeugungsaktivität internationaler Organisationen. Die beiden letztgenannten Phänomene werden in der deutschen Forschung namentlich mit Blick auf die WTO-Schiedsgerichtsbarkeit[134] und die Rechtsetzungsaktivität des Sicherheitsrats der Vereinten Nationen untersucht.
Viele dieser Entwicklungen werden heute in Deutschland unter dem Stichwort der »Konstitutionalisierung« des Völkerrechts diskutiert (Frowein 2000b: 427, 428; Walter 2001: 170, 192 ff.; Nettesheim 2000: 48, 58 ff.). Die Entdeckung des Individuums als Rechtssubjekt des Völkerrechts (Frowein 2000a: 65), die Entstehung politischer Legitimationsstrukturen namentlich auf der Ebene der Vereinten Nationen (Fassbender 1998) und die Entwicklung einer eigenen internationalen Gemeinwohlkonzeption (Paulus 2000) sollen diese Diagnose von einer werdenden Verfassungsähnlichkeit im Völkerrecht rechtfertigen. An diesem Punkt sind die Berührungsmöglichkeiten mit den Politikwissenschaften besonders greifbar (Zangl 2006).

133 Die Bedeutung dieser Einwirkungen erkennt man nicht zuletzt am präzisen Versuch des Bundesverfassungsgerichts, die innerstaatlichen Entscheidungswirkungen zu beschränken, ohne sie zu leugnen: BVerfGE 111, 307.

134 Wichtig etwa Armin von Bogdandy (2001b: 609); Markus Krajewski (2001).

Freilich wird die Loslösung des Verfassungskonzepts vom Staat im Völkerrecht mit noch größeren Beschreibungsverlusten erkauft als im Europarecht (Wahl 2002: 191). Die Verwendung des Konstitutionalisierungsbegriffs bringt zum Ausdruck, wie deutlich sich das Völkerrecht gegenüber dem klassischen zwischenstaatlichen Recht weiterentwickelt hat, ohne dass ein Instrumentarium bereit stünde, um solche Veränderungen zu analysieren.[135] Viele mit dem Begriff Konstitutionalisierung bezeichnete Phänomene – wie die schnelle Zunahme von internationalen Rechtsregimen, deren Einhaltung durch politisch unabhängige gerichtsähnliche Institutionen überprüft wird – können sicherlich als Verrechtlichung internationaler Beziehungen, aber deswegen noch nicht als Konstitutionalisierung bezeichnet werden. Es scheint: Je höher man auf der hoheitlichen Ebene steigt, desto niedriger werden die an den Verfassungsbegriff gestellten Anforderungen.
Dies spricht nicht dagegen, den Verfassungsbegriff weiterhin methodisch kontrolliert zum Einsatz zu bringen, um die Internationalisierung des Rechts zu beobachten. Nur sollte die Perspektive nicht auf Verrechtlichung beschränkt bleiben – dies erscheint, wenn man sieht, um wieviel vorsichtiger amerikanische, britische oder französische Völkerrechtler mit solchen Begriffen umgehen, als ein spätes Erbe einer gewissen deutschen Rechtsstaatsfixiertheit –, sondern auch die Politisierung der internationalen Rechtserzeugung miterfassen. Hier ließe sich an relativ konkrete Vorüberlegungen aus der politischen Philosophie anknüpfen (Brunkhorst 2004; Habermas 2005). Derart erweitert könnte die Konstitutionalisierungsdebatte in Deutschland eine im internationalen Vergleich relativ fortgeschrittene Diskussion darstellen, die einen genuin juristischen Begriff zur Beschreibung neuer Phänomene verwendet. Namentlich im Vergleich zur neueren amerikanischen Diskussion im Völkerrecht, deren theoretischer Teil sich in der Zwischenzeit sehr häufig mit Problemen der Anwendung von Rational Choice auf das Völkerrecht beschränkt,[136] erscheint dies

135 Einen guten Überblick über die Diskussion bieten die Beiträge »Zur Zukunft der Völkerrechtswissenschaft in Deutschland« in Heft 3/67 (2007) der *Zeitschrift für ausländisches öffentliches Recht und Völkerrecht*.

136 Relativ reduktionistisch bei Jack Goldsmith und Eric Posner (2004). Kritik bei Martti Koskenniemi (2007).

als ein wirklich rechtswissenschaftlicher Beitrag, der Interdisziplinarität nicht ausschließt.

Zerfaserung der staatlichen Verwaltung

Innerhalb der deutschen Wissenschaften vom öffentlichen Recht stehen sich von den drei traditionellen Teilgebieten Staatsrecht, Verwaltungsrecht und Völkerrecht das Verwaltungsrecht und das Völkerrecht fachlich am fernsten. Dies hat durchaus sachliche Gründe, setzen völkerrechtliche Verpflichtungen doch Standards, deren verfahrenstechnische und organisatorische Umsetzung der nationalen Gestaltung überlassen bleibt, also dem staatlichen Verwaltungsrecht. Direkte Eingriffe in Verwaltungsverfahren und Verwaltungsorganisation erscheinen dagegen als unzulässige Inanspruchnahme staatlicher Souveränität durch das internationale Recht. Diese Struktur, in der das Völkerrecht nur die Außenseite der Staaten verpflichtet, ohne sich der administrativen Innenseite zuzuwenden, dürfte im Moment an mehreren Fronten erodieren:

So enthalten mehr und mehr völkerrechtliche Verträge dezidierte Vorgaben für die Ausgestaltung von Verwaltungsverfahren und -organisation. Ein viel diskutiertes Beispiel aus dem Umweltvölkerrecht ist die Aarhus-Konvention (Walter 2005: 302). Zum Zweiten erfordert die Verwaltung von zu befriedenden Territorien durch die Vereinten Nationen eigene verwaltungsrechtliche Regeln. Völkerrecht wirkt unmittelbar in das Verwaltungsrecht hinein. Zum Dritten etablieren sich auf bestimmten Regelungsfeldern informelle Kooperationen zwischen Verwaltungsbehörden unterhalb der Regierungsebene, die Informationen austauschen, Vollzugsstandards harmonisieren und informelle Organisationen gründen (Möllers 2005b). Solche informellen Kooperationen spielen sich zumeist innerhalb »westlicher« Verwaltungsstäbe, also zwischen Administrationen ab, deren Staaten Mitglieder der G7 oder der OECD sind. Betroffen sind nur bestimmte Regelungsfelder, die eines besonders aufwändigen Verwaltungsapparates bedürfen, etwa die Kapitalmarktaufsicht. Während sich solche Phänomene im Ansatz für alle drei Staatsgewalten beschreiben lassen, also auch informelle Vernetzungen von Gerichten

und Parlamenten zu beobachten sind (Slaughter 2004), gewinnen diese für die Verwaltungszusammenarbeit eine besondere praktische Bedeutung, weil sie tatsächlichen Einfluss auf das Entscheidungsverfahren der beteiligten nationalen Verwaltungen nehmen dürften.
Diese Internationalisierung des Verwaltungsrechts ist für das deutsche öffentliche Recht ein relativ junges Thema (Tietje 2001; Schmidt-Aßmann 2006). Bereits weiter fortgeschrittene Diskussionen finden sich namentlich in Italien und den Vereinigten Staaten.[137] Trotzdem erscheinen diese Phänomene mit Blick auf Fragen des deutschen Verfassungsrechts keineswegs ausgelotet. Sie verlangen insbesondere nach der Entwicklung übergreifender Verfahrensstandards, die verhindern, dass sich zwischenstaatliche Verwaltungsstrukturen an nationalen Maßstäben vorbei entwickeln.

Governance

Erst seit relativ kurzer Zeit spielt der Begriff der »Governance« in der staatsrechtlichen Diskussion eine Rolle.[138] Er entstammt einerseits der Institutionenökonomie, die ihn für die Analyse von Unternehmensorganisationen verwendet und die Anschlussmöglichkeiten für das private Gesellschaftsrecht bietet. Andererseits wurde er von internationalen Organisationen namentlich im Zusammenhang mit dem organisatorischen Neuaufbau von *failed states* verwendet. Wissenschaftlich unvermeidlich wurde der Begriff spätestens, als die Europäische Kommission ihn in den Titel einer programmatischen Denkschrift einführte.[139]
Die entstehende Diskussion über Governance verbindet verschiedene Problembereiche: die Übernahme institutionenökonomischer Kriterien für die Konstruktion öffentlicher Organisation mit der Suche nach Formen öffentlicher Herrschaft jenseits von staatlichem Regieren. Nur an wenigen Begriffen zeigen sich Möglichkeiten der Zusammenarbeit zwischen Rechts- und Politikwissenschaftlern so

137 Vgl. die Beiträge in *Law & Contemporary Problems*, Bd. 68 und in *EJIL* 1/2006.
138 Namentlich die von vornherein interdisziplinär angelegten Beiträge bei Gunnar Folke Schuppert (2005).
139 *Weißbuch Europäisches Regieren*, KOM (2001) 428 endgültig. Dazu die Kritiken in Christian Joerges, Yves Mény und Joseph H. H. Weiler (2002).

gut wie an diesem, weil die mit ihm betriebene Umorientierung von Handlungszusammenhängen auf Regelungsstrukturen den Rechtswissenschaften methodisch entgegenkommt (Trute u.a. 2004: 451). Dass der Begriff gerade, wenn er von überstaatlichen Verwaltungen benutzt wird, dazu dient, deren Demokratiedefizite als Ausdruck einer notwendigen »Neuheit« der Strukturen zu verdecken, darf der Diskussion freilich nicht entgehen.

C. Strukturen des Diskurses

I. Diskussionsfronten

Will man die Diskussionen der deutschen Staatsrechtswissenschaften im letzten Viertel des 20. Jahrhunderts entlang einfacher Fronten abbilden, so scheinen die alten Debatten der Weimarer Staatsrechtswissenschaft zumindest eine erste schlichte Orientierung zu geben: Auf der einen Seite stand ein souveränitätszentriertes monistisches Paradigma, das der Verfassungsgerichtsbarkeit gegenüber skeptisch blieb, eine hierarchische Verwaltungsorganisation favorisierte und Demokratie mit gesellschaftlicher Homogenität in Verbindung brachte, in der Nachfolge Schmitts. Auf der anderen Seite stand ein pluralistisches bis korporatistisches Paradigma, das gesellschaftlichen Interessenausgleich an verschiedenen Stellen der Staatsorganisation – vom Verwaltungsverfahren bis zur verfassungs- und verwaltungsgerichtlichen Abwägung – unterzubringen suchte, in der Nachfolge Smends.
Diese Fronten konnten sich an aufkommenden Rechtsproblemen neu aktualisieren, die bereits Erwähnung fanden, etwa an der Reichweite grundrechtlicher Garantien oder der Bedeutung partizipativer Verfahren für die Verwaltungsorganisation. Tatsächlich lassen sich erstaunlich viele Diskussionen der neueren Zeit auf diese Fronten abbilden. Das mag man als Indiz dafür sehen, wie ergiebig die theoretische Vorbereitung durch die Weimarer Republik war – aber auch als Ausdruck mangelnder theoretischer Kreativität der Staatsrechtslehre der Bundesrepublik.
Interessanter als die Unterschiede erscheinen die Gemeinsamkeiten beider Schulen: Man kann sie in ihrer Distanz zu egalitären demokratischen Politikprozessen sehen, die von den einen als den Staat in Frage stellende korporatistische Kompromisse diskreditiert wurden, während die anderen demokratische Politik nur noch unter den Bedingungen einer mit Werten aufgeladenen verfassungsgerichtlichen Vollkontrolle denken wollten. »Schmitt« und »Smend« sind Chiffren

für Pole, die zueinander gehören: Sie stehen für ein völlig geschlossenes Politikverständnis einerseits und für die Eskamotierung von Politik durch Verfassungsrecht andererseits, man könnte formulieren: entweder für eine Übertreibung oder für eine Untertreibung von Staatlichkeit. An beiden Polen aber weigerte man sich, wenn auch mit deutlich größerer Abneigung bei Schmitt, die Normalität demokratischer Kompromissbildung als institutionelle Errungenschaft anzuerkennen.

Freilich erfasste eine solche Ordnung nach Fronten schon die Diskussionen der Nachkriegszeit nur unvollständig und ignorierte vor allem das nachhaltige Desinteresse eines Großteils der Staatsrechtswissenschaft an allen staatstheoretischen Fragen. Für die jüngere Diskussion gilt zudem, dass sie ihre wichtigsten Impulse aus Entwicklungen im Verwaltungsrecht bezogen hat, das sich schlechter auf solche Fronten abbilden lässt.

Eine erste, darüber hinausgehende Diskussionsfront zeigt der Blick auf das Verhältnis zum *gerichtlichen Rechtsschutz*. Dieser war nach dem Krieg mit Macht als eine entscheidende Determinante in Theorie und Praxis des öffentlichen Rechts vorgedrungen, wurde aber spätestens seit Mitte der siebziger Jahre als Problem empfunden, das die Eigenleistungen des Gesetzgebers und der Verwaltung zu sehr in Frage stellte. An diesem Punkt konnten andere, namentlich verwaltungswissenschaftliche Fragestellungen einsetzen, und mit dem eingeforderten Paradigmenwechsel »von der Rechtsschutz- zur Steuerungsperspektive« (Schuppert 1993b) entwickelte sich aus der alten Frage nach den Grenzen des Rechtsschutzes eine grundsätzlichere Auseinandersetzung, die auch eine methodische Seite hatte: Wie eng hatte sich die Wissenschaft vom öffentlichen Recht an gesellschaftlichen Entwicklungen und ihrer Verarbeitung zu beteiligen? Wie sehr war ihr wissenschaftlicher Anspruch mit einer Beschränkung auf die Untersuchung von Rechtsformen verbunden und inwieweit war es Aufgabe der Rechtswissenschaften, Phänomene wie De-Formalisierung oder Kooperation abzuwehren bzw. aufzuhalten und nicht konstruktiv zu begleiten? In der Beantwortung dieser Fragen zeigte sich schon seit den achtziger Jahren eine »Querelle des Anciens et des Modernes« (Möllers 1999: 187ff.), die allerdings in aller Regel nicht offen geführt wurde, sondern in der Diskussion von Einzelproblemen zerfaserte und daher erst sehr spät und vielleicht mehr rückschauend auf eine theoretische Ebene gehoben werden konnte. Eindeutiger waren dagegen über einen gewissen Zeitraum die Fronten zwischen Souveränisten und Europäisierungsfreunden, die sich namentlich am Vertrag von Maastricht und, nun aber schon weniger intensiv, am Entwurf für einen Verfassungsvertrag bildeten.

Seit dem Kaiserreich sind wissenschaftliche Fronten in der Staatsrechtswissenschaft oftmals auch politische Fronten. Zwar hatte das Grundgesetz die fundamentale Frage nach der »richtigen« politischen Ordnung eindeutig beantwortet, doch ist klar, dass dies nicht alle politischen Präferenzen bedeutungslos machte. Tatsächlich wird man in der Auseinandersetzung zwischen der Smend- und der Schmitt-Schule auch eine solche zwischen rechts und links erkennen können. Gleichfalls ist es nicht schwer, das Projekt des *Handbuchs des Staatsrechts* mit der geistig-moralischen Wende der frühen Kohl-Ära in Verbindung zu bringen und das kleinere und weniger rezipierte *Handbuch des Verfassungsrechts* (Benda u. a. 1994) als eine Art Gegenmodell sozialdemokratischer Daueropposition zu verstehen.

Auffällig ist, dass diese Zuordnungen keineswegs systematisch zwingend erscheinen und dass sie – jedenfalls mit Blick auf die Grundannahmen von Schmitt und Smend – auch umgekehrt hätten funktionieren können. So fehlte es der Staatsrechtswissenschaft längste Zeit an einem linksdemokratischen republikanischen Etatismus (vgl. aber Grimm 1995, Haltern 2005b, Schuppert 2003), der in der Nachfolge Hermann Hellers und Hans Kelsens durchaus denkbar gewesen wäre und der viele Positionen, die als politisch und methodisch konservativ verstanden wurden, demokratietheoretisch hätte ergänzen können.[1] So geriet andererseits das ja durchaus institutionell pluralistische Erbe der katholischen Gesellschaftstheorie, das dem Smend'schen Korporatismus gar nicht so unähnlich ist, allmählich in Vergessen-

1 Ansätze dazu bei Matthias Jestaedt und Oliver Lepsius (2006).

heit.[2] Versuche, die Diskussionsfronten auf konfessionelle Unterschiede hin zu deuten (Schulze-Fielitz 1999: 241ff.), wobei konservativ mit katholisch und progressiv mit protestantisch identifiziert und ein geschlossenes Staatsverständnis in Zusammenhang mit der katholischen Ekklesiologie gebracht wird, erscheinen vor diesem Hintergrund nicht zwingend. Richtig ist, dass die in Deutschland traditionell als akademische Minderheit operierende ausdrücklich katholische Staatsrechtslehre durch Organisation (Görres-Gesellschaft), aber auch mit Hilfe eines sie stärkenden Minderheitenbewusstseins in den achtziger Jahren zu einer sehr einflussreichen Gruppierung innerhalb der Staatsrechtslehre wurde, die diesen Einfluss zumindest bis zum Ende der neunziger Jahre bewahren konnte.[3] Trotzdem müssten solche Fronten noch einmal im Vergleich zu anderen Ländern aufgearbeitet werden: So mag man sich fragen, ob der katholische Etatismus nicht eine typisch bundesrepublikanische Konstellation darstellt (Hollerbach 1977: 55) und die Vertreter des *Handbuchs* mit ihren generationellen Antipoden der 68er-Generation vielleicht mehr gemeinsam haben, als ihnen lieb sein kann: Politisierung und De-Formalisierung der verfassungsrechtlichen Argumentation sowie Staatsfixiertheit wären als mögliche Gemeinsamkeiten zu überprüfen.

2 Bemerkenswert ist vor diesem Hintergrund die Auseinandersetzung bei Josef Isensee (2001).

3 Zu einem Bruch auf der Staatsrechtslehrertagung 1992 und seinen Hintergründen in der 68er-Zeit: Bernhard Schlink (2003).

II. Generationenabfolgen der Staatsrechtswissenschaft

Ebenso interessant wie die Betrachtung von wissenschaftspolitischen Fronten könnte ein Blick auf die Generationenabfolge der Staatsrechtswissenschaft und die Beziehung dieser Kohorten zu bestimmten theoretischen Paradigmen sein.[4] Nur noch wenige einflussreiche Weimarer Autoren spielten in der bundesrepublikanischen Staatsrechtslehre eine nennenswerte Rolle. Zu nennen sind Richard Thoma und Erich Kaufmann, vor allem eben Rudolf Smend, über dessen Einfluss schon vielfach berichtet wurde. Dominant wurde dagegen sehr bald eine Generation, die ihre Sozialisation zu großen Teilen im Nationalsozialismus erlebt hatte, sei es, weil sie dort ihre wissenschaftliche Ausbildung beendete, sei es, weil sie in dieser Zeit ihre erste Professur antrat. Viele Mitglieder dieser Generation übergingen in der Bundesrepublik ihre nationalsozialistische Sozialisation und knüpften an Auseinandersetzungen aus der Weimarer Zeit an. Dabei erscheint es kaum möglich, zwischen der nationalsozialistischen Verstrickung und der Haltung zum Grundgesetz einen eindeutigen Zusammenhang zu konstruieren: Ein zurückhaltender Befürworter des Nationalsozialismus wie Werner Weber wurde in der Bundesrepublik zu einem erstaunlich scharfen Kritiker des demokratischen Systems des Grundgesetzes.[5] Ulrich Scheuner, einer der selten parlamentsfreundlichen Theoretiker der Weimarer Zeit,[6] wurde ein offen rassistisch argumentierender Anhänger des Nationalsozialismus und in der Bundesrepublik ein Förderer methodischer Öffnung und Anhänger der Ordnung des Grundgesetzes. Schließlich zeigt der Fall des Bayerischen Kultusministers Theodor Maunz, dass nationalsozialistisches Engagement zwar auf den ersten Blick überwunden, dann aber in einer Art politischer Doppelexistenz weitergeführt wurde. Die

4 Versuch einer generationenspezifischen Deutung der Weimarer Staatsrechtslehre bei Christoph Möllers (2004a: 399).

5 Vergleiche nur die viel beachtete Antrittsvorlesung von Werner Weber in Göttingen 1949 über »Weimarer Verfassung und Bonner Grundgesetz« (1949), dazu bei Frieder Günther (2003: 84).

6 Immer noch lesenswert: Ulrich Scheuner (1927: 209, 345).

unterschiedliche Anpassungsfähigkeit und -bereitschaft gestattet keine Verallgemeinerungen.
Grundsätzlich spielt die Weimarer und die NS-Erfahrung in der Staatsrechtslehre der Bundesrepublik keine große Rolle mehr. Ganz mehrheitlich wird das durch die Einrichtung des Bundesverfassungsgerichts und den Ausbau des Rechtsschutzes auf allen Ebenen eröffnete neue methodische Spiel des dogmatisch-immanenten Umgangs mit einer rapide wachsenden Rechtsprechung schnell angenommen: Staatstheorie wird zu einem Nebenschauplatz, zu einem hintergründigen Phänomen. Eine Beobachtung der Generationen dürfte jedenfalls in dieser Hinsicht nicht viel weiter führen, weil sich dieser Eindruck für die folgenden Generationen nicht grundlegend ändert. Zwar konnte gezeigt werden, dass die staatstheoretische Diskussion an den politischen Konjunkturen ihrer Umwelt lebhaft teilnahm. Schwerer erscheint es aber in einem anspruchsvolleren Sinne, wie dies für die Weimarer gelingen mag, spezifische generationenbedingte Prägungen mit einem bestimmten theoretischen Zugriff zu verbinden. Ob sich dies durch spätere Erfahrungen wie die Wiedervereinigung oder die Relativierungen der bundesrepublikanischen Erfolgsgeschichte ändern wird, bleibt abzuwarten. Vielleicht werden diese Erfahrungen auf Dauer dazu beitragen, die Grenzen verfassungsrechtlicher Problemlösungsmechanismen und die prekäre Legitimation der Verfassungsgerichtsbarkeit der Wissenschaft vom Verfassungsrecht stärker vor Augen zu führen.

III. Argumentative Funktionen des Staatsbegriffs

Bedarf eine ausdifferenzierte Wissenschaft des öffentlichen Rechts überhaupt eines Staatsbegriffs – oder stellt dieser ein zu undifferenziertes Instrument zur Lösung juristischer Fragen dar, die immer nur Teile des Herrschaftsgebildes betreffen können, das nur als Ganzes als »Staat« beschrieben wird? Klar ist: Das quantitative Wachstum des öffentlichen Rechts, die Zunahme an Gesetzgebung und Rechtsprechung, die Entstehung neuer Rechtsgebiete und die weltweit aufmerksam beobachtete Rechtsprechung des Bundesverfassungsgerichts zu den Grundrechten haben nach dem Zweiten Weltkrieg die Rechtswissenschaften von theoretischen Fragen abgezogen. Wachstum und Ausdifferenzierung des Rechtsstoffs ließen Entwürfe, die mit staatstheoretischen Kategorien argumentierten, wenig plausibel und praktisch selten werden.

Trotzdem gibt es wichtige Residuen einer *rechtsdogmatischen* Funktion des Staatsbegriffs, die notwendig bleibt, um spezifische Rechte und Pflichten der öffentlichen Gewalt vom anders ausgestalteten Rechtskreis Privater abzugrenzen. Konkret wird dies vor allem zum Problem, wenn sich für Organisationen in einem öffentlich-privaten Zwischenbereich die Frage stellt, inwieweit nur Staatsgewalt demokratischer Legitimation bedürftig ist, bzw. inwieweit sich staatliche Organe auf Grundrechte berufen können. Dass die gute alte, den Politikwissenschaften reichlich verstaubt vorkommende Diskussion um Staat und Gesellschaft die Staatsrechtswissenschaft immer noch beschäftigt, hat hier seinen Grund: Auf eine Zuordnung bestimmter Organisationen im Einzelfall kann das Recht nicht verzichten. Dies gilt entsprechend in Rechtsverhältnissen nach außen für die juristische Konstruktion eines zurechnungsfähigen staatlichen Völkerrechtssubjekts.

Auch ohne diese rechtsdogmatische Bedeutung des Begriffs erschiene es gekünstelt, auf ihn im juristischen Kontext zu verzichten – allein schon wegen seines *deskriptiven* Ausdruckswertes. Hier dient der Staatsbegriff oftmals nur als leerer Bedeutungsträger, der den eigent-

lich zu beschreibenden Entwicklungen angehängt wird: »kooperativer Staat« oder »Gewährleistungsstaat«.
Solche Verwendungen sind praktisch notwendig, auch wenn sie stets in der Gefahr stehen, wegen der Handlichkeit des Ausdrucks zu undifferenziert zu bleiben. So ist es nicht zufällig, dass die vermeintlich deskriptive Funktion des Begriffs sich bei näherer Hinsicht oftmals als massiv geschichtsphilosophisch und damit metarechtlich aufgeladen erweist. Narrative der Entwicklung des »Staats« unterfüttern nicht selten juristische Argumentation, ohne dass es in diesen Geschichten nachvollziehbare Akteure, Interessen, Kausalitäten oder Vergleichsmaßstäbe gäbe (Möllers 2002: 22 ff.). So ist es kein Zufall, dass juristische Zeitdiagnosen regelmäßig mit dem Staatsbegriff operieren.
Darüber hinaus stellt sich die Frage, inwieweit der Begriff eine *forschungsstrategische* Funktion für die Wissenschaft vom öffentlichen Recht erfüllen kann. Bemerkenswerterweise sind zwei sich wechselseitig ausschließende Optionen für eine solche Verwendung denkbar: Auf der einen Seite zeigte gerade der Umgang des staatsrechtlichen *Handbuchs des Staatsrechts* einen disziplinabschließenden Gebrauch des Staatsbegriffs. Den theoretischen Beiträgen ging es darum, die Disziplin gegenüber internen methodischen Herausforderungen (Staatsrecht »statt« Verfassungsrecht), aber auch extern gegenüber den Sozialwissenschaften methodisch zu definieren und abzugrenzen. Ob dies gerade mit Hilfe dieser Kategorie gelingen kann, bleibt die Frage. Denn eine methodische Schließung der Rechtswissenschaften wird auf das Merkmal der Normativität schwerlich verzichten, das die Kategorie Staat gerade nicht charakterisiert.
Umgekehrt konnte der Staatsbegriff wie bei den Debatten um die »Neuen Staatswissenschaften« eine die Disziplin *öffnende* Funktion einnehmen und an die alte Tradition der Staatslehre anknüpfen. Auch hier kann man eine interne und eine externe Öffnung unterscheiden: eine interne Öffnung in Richtung einer vergleichenden, wenn nicht vereinheitlichenden Beschreibung öffentlich-rechtlicher und privatrechtlicher Regelungstechniken und eine externe Öffnung zu den Sozialwissenschaften. Gewichtiger als die erwähnten metho-

dischen Einwände gegen den Begriff erscheint aber die Frage, inwieweit aktuelle Entwicklungen hoheitlichen Handelns im Ganzen sich noch sinnvoll durch Rekurs auf den Begriff Staat beschreiben lassen. Besonders schlecht funktioniert der Hinweis auf den Staat im Rechtsvergleich, bei dem die Gefahr der Begriffsverwirrung ohnehin besonders groß ist. Was im deutschen Recht mit »Staat« bezeichnet wird, versteht sich in vielen anderen Rechtsordnungen, etwa in England, Frankreich und den Vereinigten Staaten, in keiner Weise von selbst. Dafür nur zwei Beispiele: Weder die klare Grenzziehung zwischen staatlichem und privatem Handeln noch die Identifikation der »Herrschaft des Rechts« mit der Herrschaft des Rechtsstaats (vorzüglich vergleichend: Heuschling 2002) sind für alle Rechtsordnungen geltende Selbstverständlichkeiten.

IV. Die institutionelle und diskursive Rolle des Bundesverfassungsgerichts

Ein stringenter Beitrag des Bundesverfassungsgerichts zur Entwicklung einer juristischen Staatstheorie lässt sich nicht erkennen. Dies ist nicht Ausdruck eines Versagens, sondern der angemessenen Erfüllung seiner Funktion, hängt das Gericht doch von einem kontingenten Fallmaterial ab, das nur selten Anlass bietet, das Verfassungsrecht staatstheoretisch zu überwölben. Die entscheidende Leistung des Gerichts bestand, wie Schmitt und Forsthoff früh befürchteten, in einer ausgreifenden, fast alle Bereiche der Rechtsordnung erfassenden Jurisdiktion (Schuppert/Bumke 2000) zu den Grundrechten. Für Kritiker war die Dominanz einer einzelfallbezogenen, häufig auf Abwägung beruhenden Entscheidungspraxis das Ende ihres geschlossenen Staatsverständnisses und gleichbedeutend mit dem Verlust rationaler, nämlich verallgemeinerungsfähiger und vorhersehbarer Maßstäbe staatlichen Handelns. Für Anhänger war dies die angemessene Form einer Gerechtigkeitserfordernissen (Alexy 1986) genügenden, am Individuum ausgerichteten Institutionalisierung von Freiheit. Freilich kann man in diesen gegensätzlichen Ansichten wiederum Spuren einer gemeinsamen Strategie der Vermeidung demokratischer Politik entdecken, die parlamentarische Aushandlungsprozesse entweder als Relativierung innerer Souveränität zurückweist oder einer moralisch imprägnierten gerichtlichen Abwägung übergibt.[7] Die Forderung nach staatlicher Rationalität wie das Vertrauen in Gerichte verbindet eine altbekannte Bevorzugung von, wenn auch unterschiedlich verstandener, Rechtsstaatlichkeit gegenüber der Willkür demokratischer Legitimation.

Eigene staatstheoretische Positionen besetzt das Bundesverfassungsgericht noch am ehesten im Kontext der Europäisierung und Internationalisierung des Rechts.[8] In diesem nimmt es, soweit ohne gravierende Konflikte mit anderen Rechtsprechungsebenen möglich, die

7 Zur Kritik der Abwägung: Bernhard Schlink (1976).

8 Vgl. etwa die staatstheoretisch inspirierten, aber durchaus anfechtbaren Ausführun-

Rolle eines »Torhüters« der deutschen Rechtsordnung ein, der sich vorbehält, von außen kommende Einflüsse an den Maßstäben des Grundgesetzes zu messen. Ob diese Rolle als Wächter deutscher Souveränität dem Gericht in handwerklich überzeugender Manier gelingt, ist sehr umstritten.[9] Zum einen lassen sich starke Vorstellungen von staatlicher Souveränität schwer in Rechtsordnungen einpassen, deren Ziel es ist, diese Vorstellungen gerade zu überwinden oder zumindest zu relativieren – und dieses Ziel war dem Grundgesetz von Beginn an klar zu entnehmen. Zum anderen erweisen sich vermeintlich zeitlose Souveränitätsstandards bei genauerem Hinsehen in vielen Fällen als kontingent – beispielsweise, wenn das Gericht in einer Entscheidung das Verbot der Auslieferung eigener Staatsangehöriger als Bestandteil der Staatlichkeit unterstellt (BVerfGE, 113, 273), obwohl viele durchaus souveräne Staaten ein solches für ihre Bürger seit jeher nicht kennen.

In anderen Rechtsgebieten lässt sich eine solche in der Sache vielleicht bestreitbare, doch stringente staatstheoretische Position des Bundesverfassungsgerichts noch weniger erkennen. Mit vielen theoretisch interessanten Phänomenen ist das Gericht praktisch nicht in Berührung gekommen. In einem sehr umstrittenen Punkt scheint das Gericht seine strikte Position aufgeben zu wollen oder darüber intern keine Einigkeit mehr erzielen zu können: beim Problem der demokratischen Legitimation der Verwaltung,[10] der Frage, inwieweit die Exekutive als eine geschlossene hierarchische Struktur verstanden werden soll. Unter dem Stichwort der »Einheit« des Staats oder der Verwaltung war dies ein seit langem umstrittenes Problem. Traditionell vertrat das Gericht seit Beginn seiner Rechtsprechung eine vergleichsweise strikte Position, die es seit den späten achtziger Jahren genauer formuliert hatte, die es aber in jüngerer Zeit zu relativieren scheint.

Schließlich stellt sich die Frage nach der Bedeutung des Gerichts im

gen in BVerfGE 107, 59 zur demokratischen Legitimation einer vorkonstitutionellen Verwaltungsstruktur.

9 Vgl. etwa als Kritik am Maastricht-Urteil: Jochen Abr. Frowein (1994: 1).

10 Einerseits BVerfGE 107, 59; andererseits BVerfGE 111, 191.

Verfassungsgefüge der Bundesrepublik. Immerhin war die Einführung einer derart ausgebauten Verfassungsgerichtsbarkeit nicht nur ein globales Novum, sondern nahm durchgreifenden Einfluss auf die Art und Weise, in der staatstheoretische Fragestellungen in der Bundesrepublik diskutiert wurden. Die institutionelle Bedeutung des Gerichts ist kein staatstheoretisches Neutrum. Liest man vor diesem Hintergrund die Zeichen richtig, so wird das Bundesverfassungsgericht gleich auf mehreren Ebenen an Bedeutung verlieren. Die Europäisierung und Globalisierung des Rechts verläuft zu großen Teilen in gerichtsförmigen Verfahren, dem Bundesverfassungsgericht erwachsen Konkurrenzjurisdiktionen. Dies gilt am deutlichsten für den Europäischen Gerichtshof für Menschenrechte, der, anders als der Europäische Gerichtshof, eine unmittelbar über dem Bundesverfassungsgericht stehende Instanz darstellt, die strukturgleiche grundrechtliche Rechtsprobleme entscheidet. Zum anderen erscheint es möglich, dass die Landesverfassungsgerichte eine größere Rolle einnehmen. Denn zwei Föderalismusreformen, 1994 und 2006, steigern mit einer nicht mehr marginalen Zunahme an Gesetzgebungskompetenzen der Länder die Nachfrage nach landesverfassungsgerichtlicher Entscheidungskompetenz. Beide Phänomene passen sich der bekannten Beobachtung in der Globalisierungsdiskussion ein, dass Internationalisierung und Regionalisierung Hand in Hand gehen.

Solche institutionellen Relativierungen der Bedeutung des Bundesverfassungsgerichts werden sowohl durch interne Probleme als auch durch diskursive Verschiebungen verstärkt. Intern konnte das Bundesverfassungsgericht seine bedeutende Rolle als »bouche de la constitution« deshalb überzeugend spielen, weil es gelang, seine eigene Rechtsprechung überschaubar und konsistent zu halten. Dem steht nunmehr eine deutlich zunehmende interne Differenzierung der Rechtsprechung entgegen: Widersprüche innerhalb der Senate und zwischen ihnen sind nicht selten. Zudem hat das Gericht damit begonnen, die Entscheidungen seiner kleineren Spruchkörper, der Kammern, systematisch zu veröffentlichen. Dass mit dieser Entscheidung eine Zerfaserung der Rechtsprechung, oder genauer ihrer Wahrnehmung in der politischen und der wissenschaftlichen Öffentlichkeit, einhergeht, ist kaum zu bezweifeln. Damit wird die gesamtgesellschaftliche Orientierungsleistung des Gerichts sicher eingeschränkt. Gerade auf dem Gebiet der Grundrechte entwickelt sich die Rechtsprechung zu einem schwer durchschaubaren und durchaus nicht immer widerspruchsfreien Entscheidungsgeflecht, das bereits die singularische Rede von »dem Bundesverfassungsgericht« zweifelhaft werden lässt.

Schließlich scheint sich in der theoretischen Diskussion die so lange unterdrückte Frage nach der Legitimation der Verfassungsgerichtsbarkeit neu zu stellen. Dieses Problem, wohl *die* zentrale Frage der amerikanischen Verfassungstheorie, das in Deutschland strukturgleich mit Blick auf den EuGH diskutiert wurde, war nach anfänglicher Kritik an den Gefahren des »Jurisdiktionsstaats« weitgehend in Vergessenheit geraten. Doch mehren sich literarische Beiträge, die – zumeist von der amerikanischen Diskussion angeregt – die Frage nach der Legitimation des Bundesverfassungsgerichts jenseits des Hinweises auf das positive Recht neu stellen (Haltern 1998; Riecken 2003). Neben neuen Anknüpfungsmöglichkeiten für das Gespräch mit den Politikwissenschaften[11] dürfte eine grundsätzlichere Kritik methodisch interessante Verbindungsmöglichkeiten zwischen Rechtswissenschaft und Demokratietheorie stiften. Im Ergebnis werden alle genannten Tendenzen, seien sie institutioneller, seien sie wissenschaftlicher Natur, zu einer Infragestellung der tradierten Rolle des Bundesverfassungsgerichts führen.

11 Aus der neueren Diskussion etwa: André Brodocz (2003); Gary S. Schaal (2004); Petra Dobner (2002).

Den in der Weimarer Republik sozialisierten Staatsrechtlern war der Umgang mit anderen Disziplinen noch selbstverständlich. Trotzdem war ein Soupçon gegen die Politikwissenschaften spürbar,[12] wohl vielfach politisch motiviert und sowohl gegen eine »linke« als auch gegen eine aus den Vereinigten Staaten importierte Wissenschaft gerichtet. Aber historische und vergleichende Kenntnisse und eine zumindest potenzielle Gesprächsgrundlage mit den Politikwissenschaften bestanden trotzdem, auch wenn Gelegenheiten nicht oder nur selten wahrgenommen wurden. Noch die Gründung der Zeitschrift *Der Staat*, einer Zeitschrift für Staatslehre und Verfassungsgeschichte, im Jahr 1962 durch die dritte Generation der Schmitt-Schule dokumentiert entsprechende Interessen.[13]

Wieder seltener wurde dieser Austausch über die Fachgrenzen hinweg wohl einerseits als Reaktion auf die 68er-Zeit, andererseits durch das Vordringen der verfassungsgerichtlichen Rechtsprechung, eine entsprechende Verengung wissenschaftlicher Interessen und eine erstaunliche Fixierung der Publikationen auf die Vorbereitung des Ersten Juristischen Staatsexamens. Der Sieg eines vom Zivilrecht entlehnten Paradigmas, in dem sich die Staatsrechtswissenschaft vornehmlich der Auslegung von Gesetzestexten und der Einordnung von Gerichtsurteilen zuwandte, verkleinerte die Kontaktmöglichkeiten.

Die Darstellung hat aber auch gezeigt, dass der Gesprächsfaden zwischen Staatsrechtslehre und Politikwissenschaft niemals völlig abgerissen ist und spätestens in der zweiten Hälfte der siebziger Jahre wieder auf breiterer Basis aufgenommen wurde (Grimm 1973: Hoffmann-Riem 1977). Kontingenzen im juristischen Wissenschaftsver-

12 Zu breiterem Nachweis siehe Frieder Günther (2003: 234ff.).

13 Vgl. auch die »Empfehlungen der Vereinigung der Deutschen Staatsrechtslehrer zu der Frage, in welcher Form sich die Juristischen Fakultäten in Forschung und Lehre an der Pflege der Wissenschaften von der Politik beteiligen sollen«, *Archiv des öffentlichen Rechts* 89 (1964), 485f., sowie die »Gemeinsamen Empfehlungen der Vereinigung der Deutschen Staatsrechtslehrer und der Deutschen Vereinigung für politische Wissenschaft zum Verhältnis zwischen der Staatsrechtswissenschaft und der Wissenschaft von der Politik«, *Archiv des öffentlichen Rechts* 92 (1967), 542.

ständnis, die sich aber im Großen und Ganzen seit der historischen Rechtsschule nicht nur im deutschen Recht durchgehend entdecken lassen (vergleichend: Reimann 1993), haben es für die Staatsrechtswissenschaft immer wieder nahe gelegt, sich auf sich selbst zurückzuziehen, um sich anschließend wieder nach außen wenden zu können.[14]

Schaut man sich die Diskussionszyklen näher an, so ist jedoch charakteristisch, dass die juristischen Diskurse auf politikwissenschaftliche Formulierungsvorschläge eher reagieren als umgekehrt und dies durchaus mit beträchtlicher Verzögerung. Diskussionen zu Regierbarkeit, Staatsaufgaben oder Governance brauchten in der Regel mindestens fünf Jahre, bevor sie aus den Politikwissenschaften kommend die Rechtswissenschaften erreichten. Dies ist weniger Ausdruck wissenschaftlichen Versagens als vielmehr Ergebnis disziplintypischer Dynamiken. Während die Politik- und Sozialwissenschaften gesellschaftliche Entwicklungen beobachten und manchmal thesenhaft vorwegzunehmen scheinen, ist es für die Rechtswissenschaften wenig sinnvoll, sich mit Phänomenen auseinanderzusetzen, die nicht in irgendeiner Form – von Reaktionen des Gesetzgebers über die Verwaltungspraxis bis zu gerichtlichen Konflikten – im Rechtssystem angekommen sind. Recht fungiert insoweit selbst als ein reaktives gesellschaftliches Medium, und darauf hat die Rechtswissenschaft Rücksicht zu nehmen. Das kann es gegebenenfalls angemessen erscheinen lassen, einen bestimmten sozialwissenschaftlichen Beobachtungstrend schlicht zu ignorieren oder gar in der verzögernden Funktion des Rechts selbst eine positive Funktion zu erkennen. (Schlink 1990: 259).

Das eigentliche methodische Problem, das sich in diesem Zusammenhang stellt, ist eine angemessene Beobachtung dessen sicherzustellen, was jenseits der Rechtsform durch das Rechtssystem geschieht, etwa als Folgen von Gesetzgebung oder Gerichtsurteilen. Dieses Problem teilt die Staatsrechtswissenschaft im Prinzip mit allen empirischen Disziplinen. Charakteristisch für die Rechtswissenschaft

14 Dazu die hervorragende Darstellung bei Christian Bumke (2004: 73).

ist aber eine Privilegierung der besonders »rechtsnahen« Justiz gegenüber der methodisch weniger greifbaren Verwaltungspraxis. Die Erforschung der europäischen Integration und der Globalisierung des Rechts zeigt allerdings deutlich, wie bestimmte Forschungsgegenstände sich für eine intensive methodische Zusammenarbeit besonders eignen, weil sie in wesentlichen Teilen *rechtsförmig* verlaufen. Ob diese Kooperation letztlich für beide Seiten zufrieden stellend verläuft, ist dabei eine andere Frage. Die besonderen Möglichkeiten interdisziplinärer Zusammenarbeit bei der Erforschung von europäischem und internationalem Recht begründet deswegen eine besondere Pointe, weil die klassische deutsche Allgemeine Staatslehre gerade nicht in der Lage war, das methodische Problem zu lösen, wie rechtsförmige und andere Phänomene unter der Überschrift »Staat« methodisch überzeugend disziplinär zu synthetisieren sind.[15] Die institutionelle Überwindung geschlossener Staatlichkeit mit den Mitteln des Rechts führt dagegen zu gemeinsamen Forschungsprojekten, die über bloße Kompilation hinausgehen.

15 Zu diesem Problem nochmals Christoph Möllers (2000: Kap. 18).

D. Perspektiven einer juristischen Staatstheorie

Juristische Staatstheorie können wir uns heute weniger denn je als das große Buch denken, das alles Wissen über »den Staat« zusammenbindet. Der Traum von einem solchen Buch verfolgt die Rechtswissenschaft zwar bis in die Gegenwart (Schuppert 2003), doch war er schon zu Zeiten Georg Jellineks zu Beginn des 20. Jahrhunderts methodisch ausgeträumt (Hofmann 1995). In Jellineks berühmter *Allgemeinen Staatslehre* sind, wie Hermann Heller so böse wie zutreffend bemerkte, die einzelnen Teile und Perspektiven auf den Staat nur »äußerlich zu leimen« gewesen (Heller 1934: 69). Die Ausdifferenzierung des öffentlichen Rechts wie der sozialwissenschaftlichen Nachbardisziplinen und der Umstand, dass es sich bei der Idee der Staatslehre schon immer um ein spezifisch deutsches Projekt handelte (Schönberger 1999), haben ihre fatale Wirkung auf das wissenschaftliche Genre der Allgemeinen Staatslehre, verstanden als Synthese, nicht als Kompendium theoretischen Wissens, nicht verfehlt. Den Beginn dieser Entwicklung kann man bereits in der ersten Hälfte des 19. Jahrhunderts ansetzen. Das oft mit Hegels Tod verbundene Ende enzyklopädischer Wissenschaft leitete auch das Ende der Staatslehre ein.

Diese Einsicht schließt nicht aus, dass es nach wie vor interessant sein mag, von sozialwissenschaftlicher (Benz 2001) wie von rechtswissenschaftlicher (Schuppert 2003) Seite zu suchen und zu sichten. Gerade die *methodischen* Einwände gegen eine engere Zusammenführung rechts- und sozialwissenschaftlicher Forschung könnten sich jedenfalls aus Sicht der Rechtwissenschaften auf Dauer entschärfen (Möllers 2006b), scheint sich doch die oftmals postulierte Geschlossenheit juristischer Argumentation gerade auf dem Gebiet des öffentlichen Rechts zu relativieren (Schlink 2007), wenn sie nicht generell immer schon sehr beschränkt war (Simon 1975). In jedem Fall haben auch juristische Argumente an allgemein nachvollziehbaren Plausibilitätsstandards teil und stehen gerade im Verfassungsrecht mit beiden Beinen in Begrifflichkeiten der politischen Theorie oder unter der Bedingung der Richtigkeit bestimmter empirischer Hypothesen.

Die Beobachtung, dass wissenschaftliche Disziplinen sich in den letzten Jahren wieder häufiger gegenstands- als methodenorientiert gebildet haben – man denke an nur auf den ersten Blick fernliegende Disziplinen wie die Kulturwissenschaften, Gender Studies oder die Holocaust-Forschung –, spricht zudem für eine Verstärkung der Zusammenarbeit zwischen öffentlichem Recht und anderen Fächern. Bevor konkretere Möglichkeiten vorzustellen sind, mit denen sich das staatstheoretische Projekt unter den Bedingungen der Transformation des Staats fortsetzen ließe, seien allerdings einige Merkposten benannt, die für eine ergiebige Fortsetzung wichtig sind (Möllers/Voßkuhle 2003: 321):

– Es dürfte unergiebig sein, mit Synthesen zu beginnen, also mit übergreifenden Darstellungen des »Staats«. Jeder Gesamtentwurf bedarf rechtsvergleichender und rechtstheoretischer Vorarbeit an individuellen Problemen.

– Juristische Staatstheorie wird sich zudem dort als besonders ergiebig erweisen, wo die zu untersuchenden Gegenstände wesentlich durch Rechtsformen mitkonstituiert werden. Dies ist im Fall der europäischen Integration oder bei internationalen Regimen viel ausgeprägter der Fall als beim Nationalstaat selbst. Für disziplinübergreifende »Staatswissenschaften« scheint sich der Staat gerade besonders wenig als Studienobjekt zu eignen.

– Aus diesen Gründen kann es nicht darum gehen, allzu nahtlos an alte Traditionen anzuknüpfen,[1] stattdessen erscheint es angemessener, danach zu fragen, welche Funktionen die Staatswissenschaften eingenommen haben und welche gegenwartsangemessenen Äquivalente es für diese Funktionen geben könnte.

– Eine Neuausrichtung hätte sich zudem kritisch mit der forschungstechnisch in Deutschland weiterhin unselig wirkungsvollen Unterscheidung zwischen öffentlichem Recht und Privatrecht auseinanderzusetzen, weil beide Rechtsgebiete Formen staatlichen Handelns darstellen können, aber nicht müssen (Leibfried et al. 2006: 661).

– Solche Neukonzeptionen wären mit der akademischen Lehre zu

1 Dagegen der Versuch, Staatstheorie als Ort der Interdisziplinarität wiederzuentdecken, bei Andreas Voßkuhle (2004: 2).

verbinden. Denn für die Rechtswissenschaften ist unter den Bedingungen der Ausbildung für ein *Staats*examen die Gestalt der Lehre nicht nur eine Konsequenz der Forschung, sondern umgekehrt die Forschung zu stark am Bedarf der Lehre orientiert, die ihrerseits durch staatliche Prüfungsordnungen vorgegeben wird.
Dies vorausgesetzt, lassen sich ganz verschiedene wissenschaftliche Perspektiven benennen, unter denen an die staatstheoretische Tradition angeknüpft werden könnte und bereits angeknüpft wird. Diese Perspektiven schließen sich nicht aus, sondern sind miteinander kombinierbar:

I. Staat unter Staaten: Vergleich

Die Rede vom »Staat« als solchem hat von vornherein Unterschiede im Namen eines vermeintlichen Idealtyps unterschlagen. Nur die Suche nach Unterschieden gestattet aber den Vergleich, der dann wiederum zur Entdeckung von Ähnlichkeiten führen kann – und erst ein Vergleich kann wirklich theoriefähiges Material bereitstellen. Dabei ist ein gesteigertes Interesse am Rechtsvergleich im Verfassungsrecht zu bemerken (v. Bogdandy/Huber/Cruz Villalón 2007). Diese gesteigerte Neugierde entstammt einem genuin rechtswissenschaftlichen Erkenntnisinteresse, weil supra- und internationales Recht auf nationale Rechtsbestände zurückgreifen, unterschiedliche nationale Regelungen aber nur durch Vergleich ausgewählt und rezipiert werden können. Wissenschaftsstrategisch ist es wichtig zu erkennen, dass rechtsvergleichendes Wissen nicht nur von den Rechtswissenschaften zur Verfügung gestellt wird, sondern auch von anderen Disziplinen wie den Regionalwissenschaften und der vergleichenden Regierungslehre.[2]

2 Diese Einsicht schulde ich Joachim Nettelbeck.

II. Staatenbünde: Föderalismus

Die Staatstheorie der Bundesrepublik war vom Paradigma des unitarischen Bundesstaats geprägt, letztlich also von einer krypto-zentralistischen Idee von Föderalismus (Oeter 1998b), die, wie gesehen, durch die Fixierung auf die Unterscheidung Bundesstaat, Staatenbund, Gebilde *sui generis*, auch ein Erkenntnishindernis für die Beschreibung der europäischen Integration darstellte. Mit der Wiederentdeckung des Vertragsgedankens im Recht des Föderalismus (Schönberger 2004, 2006) ist ein genuin juristischer Ausgangspunkt gewählt, diese Konzepte zu überdenken. Mit der Re-Föderalisierung des Grundgesetzes könnte sich auch der verfassungspolitische und -rechtliche Kontext langsam umkehren. Föderale Konzeptionen laden darüber hinaus nicht nur zu einem horizontalen Vergleich ein, sondern auch zu einer ebenenübergreifenden Perspektive, die nach gemeinsamen Beschreibungsrahmen zwischen Föderationen und internationalen Organisationen sucht.

III. Legitimation des Staats: Demokratietheorie

Das deutsche Verfassungsrecht hat sich ironischerweise gerade aus einem rechtsstaatlichen Verständnis heraus eingehend mit der Entwicklung eines verfassungsrechtlichen Demokratiebegriffs beschäftigt. Im Ergebnis sollte der demokratische Gesetzgeber im Namen eines verfassungsrechtlichen Demokratieprinzips durch ein demokratisch nicht verantwortliches Verfassungsgericht kontrolliert und begrenzt werden. Dieses Vorgehen ist nicht selbstverständlich, pflegen andere demokratische Rechtsordnungen doch ihr Demokratieverständnis dem politischen Prozess zu überlassen.[3] Auch wenn man dieser deutschen Form der Verrechtlichung von Politik skeptisch gegenübersteht, hat sie doch zu einer anspruchsvollen wissenschaftlichen Debatte um die Bedeutung der Demokratie geführt, die gegenüber der philosophischen und politikwissenschaftlichen Diskussion vor allem ihre institutionelle Konkretheit auszeichnet (vgl. etwa Böckenförde 1987). So ließe sich Staatstheorie in Demokratietheorie überführen (Lepsius 2004a: 370ff.; Gusy 2007) und damit in eine Begriffswährung eintauschen, die international gehandelt wird, ohne dass nationale Eigenheiten verloren gingen. Die neueren Diskussionen um die europäische Integration zeigen die Ergiebigkeit dieses Ausgangspunkts. Die sozialwissenschaftliche Legitimationsdebatte (Schneider/Nullmeier/Lhotta u.a., in: Leibfried/Zürn 2007: 197) könnte hier anschließen oder angeschlossen werden.

3 Im Vergleich zu Frankreich Luc Heuschling (2006).

IV. Staat als Rechtsquelle: Rechtsphilosophie

Die Rechtsphilosophie ist in Deutschland traditionell aus der Perspektive bestimmter Rechtsgebiete entwickelt worden. Sie war lange Zeit eine Domäne des Strafrechts, das sich vor allem norm-, straf- und handlungstheoretischen Problemen zuwandte. Sie wurde auch von Zivilrechtlern betrieben, die sich auf Fragen der Gesetzeshermeneutik konzentrierten. Nach dem Krieg fand das öffentliche Recht einen eigenen Zugang zur Rechtsphilosophie namentlich über die Theorie der Grundrechte (Alexy 1986), aber auch über die philosophische Reflexion staatsorganisationsrechtlicher Figuren wie des Begriffs der Repräsentation (Hofmann 1974) oder der Rechtsgeltung (Hofmann 1977). Gerade geltungstheoretische Fragestellungen haben Staatstheorie und Rechtsphilosophie stets miteinander verknüpft und die rechtsphilosophische Einsicht in das Nebeneinander von Selbstreferenz und Politikreferenz des öffentlichen Rechts (Hofmann 1998) lässt sich institutionell konkret weiterdenken.[4] Die in Europa zu beobachtende Vervielfachung von Rechtsordnungen mit eigenem Geltungsanspruch hat nicht nur eine föderale, sondern auch eine rechtsphilosophische Seite, die Gelegenheit böte, an die internationalen Debatten zum Rechtspluralismus mit eigenen Erfahrungen anzuknüpfen.

4 Im Anschluss an Hofmann: Christoph Möllers (2005).

V. Staat als Gegenstand oder Konstrukt: Wissenschaftstheorie der Rechtswissenschaft

Die Unterscheidung zwischen dem geltenden Recht und der Rechtswissenschaft, die sie erforscht, ist nicht immer klar zu ziehen. Entsprechend sieht sich die Rechtswissenschaft als »dogmatische« Disziplin, ganz ähnlich wie die Theologie, schon seit langer Zeit wissenschaftstheoretisch herausgefordert, ohne dass dies am universitären Status des Fachs in Deutschland oder anderswo etwas geändert hätte.

Im Gegensatz zur Theologie und anders als in den übrigen Rechtswissenschaften hat die deutsche Jurisprudenz die Bedeutung von »Kritik« für ihre eigene Wissenschaftlichkeit nur recht gelegentlich entdeckt. Man vergleiche nur einmal die Haltung zweier wissenschaftsgeschichtlicher Schlüsselfiguren wie Savigny und Schleiermacher zu diesem Begriff, um Tragweite und tiefe Verwurzelung dieses Mankos zu erkennen. Die Wissenschaftstheorie der Rechtswissenschaft ist ein wieder neu entdecktes Feld (Schulze-Fielitz 2007; Engel/Schön 2007; Jestaedt/Lepsius 2008), das diesen Mangel aufzuarbeiten hätte. Positiv gewendet mögen sich wissenschaftstheoretische Überlegungen als ein ergiebiges Instrument erweisen, um den Beschreibungswert der Rechtswissenschaft auch im Umgang mit dem Begriff »Staat« besser zu verstehen. Denn mit Sozialwissenschaften und Rechtswissenschaft treffen nicht Wirklichkeit und Recht aufeinander, sondern zwei verschiedene Techniken, die Gesellschaft darzustellen.

VI. Staat als Identitätsträger und als Text: Kulturwissenschaften

Kultur ist als disziplinbegründender Begriff noch eine recht junge Erscheinung (Bachmann-Medick 2006). Versuche, mit Hilfe dieser Kategorie Eigenheiten des Nationalstaats zu beschreiben und für die Rechtswissenschaft aufzubereiten, liegen aber bereits vor (Haltern 2007). Statt kulturalistische Kategorien als Substitut für andere Bestimmungen von Staatlichkeit zu verstehen, kann man die Auseinandersetzung mit kulturellen Differenzen auch innerhalb staatlicher Rechtsordnungen entdecken und mit verfassungstheoretischen Methoden aufzuarbeiten suchen (Dreier/Hilgendorf 2008). Jedenfalls fällt auf, dass die globale Debatte um Multikulturalität im Recht (Tully 1995) in der deutschen Diskussion nach wie vor nur eine sehr geringe Rolle spielt, wenn sie nicht gleich wieder die alte These von der gesellschaftlichen Homogenität als »Voraussetzung« der Staatlichkeit repetiert, ohne sie nachweisen zu können (Uhle 2005). Dabei ließen sich verschiedene Anschlusspunkte denken: namentlich die aktuellen Debatten im Religionsverfassungs- oder Europarecht (Lübbe-Wolff 2007), die wiederum mit demokratietheoretischen Fragestellungen in Zusammenhang stehen.
Freilich haben die Kulturwissenschaften zur Beschreibung ihres Faches häufig auf den *Text*charakter jeder Form von Kultur verwiesen. Dieser Hinweis erscheint der Rechtswissenschaft, die es stets mit Texten zu tun hat, auf den ersten Blick ganz geläufig. Auf den zweiten Blick aber zeichnet sich gerade das Verfassungsrecht der Bundesrepublik durch ein geringes Interesse an Wortlaut und Entstehungsbedingungen des Grundgesetzes aus. Man könnte von einem herrschenden Positivismus ohne Philologie sprechen. Die Rückkehr zu den philologischen Wurzeln des Faches könnte so auch als ein Aufbruch zu neuen Ufern verstanden werden.

Literatur

Abendroth, Wolfgang (1954), »Begriff und Wesen des sozialen Rechtsstaates«, Diskussionsbeitrag in: *Veröffentlichungen der Vereinigung deutscher Staatsrechtslehrer* 12, S. 85-92.

Adenauer, Konrad (1965), *Erinnerungen 1945-1953*, Stuttgart: Deutsche Verlagsanstalt.

Agamben, Giorgio (2000), *Ausnahmezustand*, Frankfurt am Main: Suhrkamp.

Alber, Jens und Merkel, Wolfgang, Hg., (2006), *Europas Osterweiterung: Das Ende der Vertiefung*, Berlin: Sigma.

Alexy, Robert (1986), *Theorie der Grundrechte*, Frankfurt am Main: Suhrkamp.

Anschütz, Gerhard (1932[14]), *Die Verfassung des Deutschen Reiches vom 11. August 1919*, Berlin: Stilke.

Arendt, Hannah (1963a), *On Revolution*, New York: Viking Press.

Arendt, Hannah (1963b), *Über die Revolution*, München: Piper.

Arendt, Hannah (1970), *Macht und Gewalt*, München: Beck.

Arndt, Adolf (1976), »Der deutsche Staat als Rechtsproblem«, in: Ders., *Gesammelte juristische Schriften*, München: Beck, S. 101-140.

Bachmann-Medick, Doris (2006), *Cultural Turns*, Frankfurt am Main: Fischer.

Bachof, Otto (1954a), »Das Bundesverfassungsgericht und die Beamtenverhältnisse«, in: *Die Öffentliche Verwaltung* 7 (1), S. 33-38.

Bachof, Otto (1954b), »Begriff und Wesen des sozialen Rechtsstaates«, in: *Veröffentlichungen der Vereinigung deutscher Staatsrechtslehrer* 12, S. 37-84.

Bachof, Otto (1972), »Die Dogmatik des Verwaltungsrechts vor den Gegenwartsaufgaben der Verwaltung«, in: *Veröffentlichungen der Vereinigung deutscher Staatsrechtslehrer* 30, S. 193-244.

Badura, Peter (1959), *Die Methoden der neueren Allgemeinen Staatslehre*, Erlangen: Palm und Enke.

Badura, Peter (1966), »Bewahrung und Veränderung demokratischer und rechtsstaatlicher Verfassungsstruktur in den internationalen Gemeinschaften«, in: *Veröffentlichungen der Vereinigung deutscher Staatsrechtslehrer* 23, S. 34-105.

Badura, Peter (1967), *Das Verwaltungsrecht des liberalen Rechtsstaats: Methodische Überlegungen zur Entstehung des wissenschaftlichen Verwaltungsrechts*, Göttingen: Schwartz.

Badura, Peter (1973), »Verfassung und Verfassungsgesetz«, in: *Festschrift für Ulrich Scheuner zum 70. Geburtstag*, hg. v. Horst Ehmke und Joseph Heinrich Kaiser, Berlin: Duncker & Humblot, S. 19-39.

Badura, Peter (1976), »Verfassung, Staat und Gesellschaft in der Sicht des Bundesverfassungsgerichts«, in: *Bundesverfassungsgericht und Grundgesetz. Festgabe aus*

Anlaß des 25jährigen Bestehens des Bundesverfassungsgerichts, hg. v. Christian Starck, Bd. 2, Tübingen: Mohr Siebeck, S. 1-21.

Badura, Peter (1997), »Verbände in der Parteiendemokratie«, in: *Staat und Recht. Festschrift für Günther Winkler*, hg. v. Herbert Haller, Christian Kopetzki, Richard Novak, Stanley L. Paulson, Bernhard Raschauer, Georg Ress und Ewald Wiederin, Wien/New York: Springer, S. 19-30.

Baer, Susanne (2000), *»Der Bürger« im Verwaltungsrecht. Subjektkonstruktion durch Leitbilder vom Staat*, Tübingen: Mohr Siebeck.

Balke, Friedrich (1996), *Der Staat nach seinem Ende*, München: Fink.

Bates, David (2005), »Political Unity and the Spirit of the Law: Juridical Concepts of the State in the Late Third Republic«, in: *French Historical Studies* 28 (1), S. 69-101.

Bauer, Hartmut (1994), »Anpassungsflexibilität im öffentlich-rechtlichen Vertrag«, in: *Innovation und Flexibilität des Verwaltungshandelns*, hg. v. Wolfgang Hoffmann-Riem und Eberhard Schmidt-Aßmann, Baden-Baden: Nomos, S. 245-288.

Bauer, Hartmut (1996), »Die negative und die positive Funktion des Verwaltungsvertragsrechts«, in: *Der Verwaltungsstaat im Wandel. Festschrift für Franz Knöpfle zum 70. Geburtstag*, hg. v. Detlef Merten, Reiner Schmidt und Rupert Stettner, München: Beck, S. 11-31.

Beck, Ulrich (1986), *Risikogesellschaft – auf dem Weg in eine andere Moderne*, Frankfurt am Main: Suhrkamp.

Becker, Jürgen (1985), »Informelles Verwaltungshandeln zur Steuerung wirtschaftlicher Prozesse im Zeichen der Deregulierung«, in: *Die Öffentliche Verwaltung* 38 (23), S. 1003-1011.

Beestermann, Gerhard und Brunkhorst, Hauke, Hg., (2006), *Rückkehr der Folter*, München: Beck.

Benda, Ernst, Maihofer, Werner und Vogel, Hans-Jochen, Hg., (1994), *Handbuch des Verfassungsrechts*, Berlin: de Gruyter.

Benz, Arthur (1997), *Kooperative Verwaltung, Funktionen, Voraussetzungen und Folgen*, Baden-Baden: Nomos.

Benz, Arthur (2001), *Der moderne Staat: Grundlagen der politologischen Analyse*, München: Oldenbourg.

Beyme, Klaus von (1989), »Staatslexika«, in: *Jahrbuch zur Staats- und Verwaltungswissenschaft* 3, S. 443-452.

Biaggini, Giovanni (1996), *Theorie und Praxis des Verwaltungsrechts im Bundesstaat: Rechtsfragen der »vollzugsföderalischen« Gesetzesverwirklichung am Beispiel des schweizerischen Bundesstaates unter vergleichender Berücksichtigung der Rechtsverwirklichungsstrukturen in der Europäischen Gemeinschaft*, Basel u. a.: Helbing & Lichterhahn.

Blasius, Dirk (2000), *Carl Schmitt. Preußischer Staatsrat in Hitlers Reich*, Göttingen: Vandenhoeck & Ruprecht.

Bleek, Wilhelm (2001), *Geschichte der Politikwissenschaft in Deutschland*, München: Beck.

Böckenförde, Ernst-Wolfgang (1963), »Lorenz von Stein als Theoretiker der Bewegung von Staat und Gesellschaft zum Sozialstaat«, in: *Staat und Gesellschaft*, hg. v. Ernst-Wolfgang Böckenförde, Darmstadt: Wissenschaftliche Buchgesellschaft, S. 131-171.

Böckenförde, Ernst-Wolfgang (1970), »Rezension zu Wilhelm Hennis, ›Verfassung und Verfassungswirklichkeit: Ein deutsches Problem‹«, in: *Der Staat* 9, S. 533-534.

Böckenförde, Ernst-Wolfgang (1973), *Die verfassungstheoretische Unterscheidung von Staat und Gesellschaft als Bedingung der individuellen Freiheit*, Opladen: Westdeutscher Verlag.

Böckenförde, Ernst-Wolfgang (1978), »Der verdrängte Ausnahmezustand«, in: *Neue Juristische Wochenschrift* 31, S. 1881-1890.

Böckenförde, Ernst-Wolfgang (1980), »Sozialer Bundesstaat und parlamentarische Demokratie«, in: *Politik als gelebte Verfassung. Festschrift für Friedrich Schäfer*, hg. v. Jürgen Jekewitz, Opladen: Westdeutscher Verlag, S. 182-199.

Böckenförde, Ernst-Wolfgang (1987), »Demokratie als Verfassungsprinzip«, in: *Handbuch des Staatsrechts der Bundesrepublik Deutschland*, hg. v. Josef Isensee und Paul Kirchhof, Bd. 1, Heidelberg: Müller, S. 887-953.

Böckenförde, Ernst-Wolfgang (1991a), »Die Eigenart des Staatsrechts und der Staatsrechtswissenschaft«, in: Ders., *Staat, Verfassung, Demokratie: Studien zur Verfassungstheorie und zum Verfassungsrecht*, Frankfurt am Main: Suhrkamp, S. 11-28.

Böckenförde, Ernst-Wolfgang (1991b), »Die Methoden der Verfassungsinterpretation«, in: Ders., *Staat, Verfassung, Demokratie: Studien zur Verfassungstheorie und zum Verfassungsrecht*, Frankfurt am Main: Suhrkamp, S. 53-89.

Bogdandy, Armin von (1999), *Supranationaler Föderalismus als Wirklichkeit und Idee einer neuen Herrschaftsform*, Baden-Baden: Nomos.

Bogdandy, Armin von (2000), »Information und Kommunikation in der Europäischen Union: föderale Strukturen in supranationalem Umfeld«, in: *Verwaltungsrecht in der Informationsgesellschaft*, hg. v. Wolfgang Hoffmann-Riem und Eberhard Schmidt-Aßmann, Baden-Baden: Nomos, S. 133-194.

Bogdandy, Armin von (2001a), »Betrachtungen zur Wissenschaft vom Europarecht«, in: *Der Staat* 40, S. 3-43.

Bogdandy, Armin von (2001b), »Law and Politics in the WTO – Strategies to Cope with a Deficient Relationship«, in: *Max-Planck Yearbook of United Nations Law* 5, S. 609-674.

Bogdandy, Armin von, Hg., (2003), *Europäisches Verfassungsrecht: Theoretische und dogmatische Grundzüge*, Berlin: Springer.

Bogdandy, Armin von, Huber, Peter Michael und Cruz Villalón, Pedro, Hg., (2007), *Ius Publicum Europaeum*, Bd. 1 und 2, Heidelberg: C. F. Müller.

Bohne, Eberhard (1981), *Der informale Rechtsstaat*, Berlin: Duncker & Humblot.

Boldt, Hans (1975), *Deutsche Staatslehre im Vormärz*, Düsseldorf: Droste.

Boldt, Hans (1980), »Parlamentarismustheorie«, in: *Der Staat* 19, S. 385-412.

Boldt, Hans (1990), *Deutsche Verfassungsgeschichte: Von 1806 bis zur Gegenwart*, Bd. 2, München: Deutscher Taschenbuchverlag.

Brandt, Hartwig (1968), *Landständische Repräsentation im deutschen Vormärz: Politisches Denken im Einflußfeld des monarchischen Prinzips*, Neuwied: Luchterhand.

Brenner, Michael (1996), *Der Gestaltungsauftrag der Verwaltung in der Europäischen Union*, Tübingen: Mohr Siebeck.

Breuer, Stefan (1999), *Georg Jellinek und Max Weber: Von der sozialen zur soziologischen Staatslehre*, Baden-Baden: Nomos.

Brie, Siegfried (1874), *Der Bundesstaat: Eine historisch-dynamische Untersuchung*, Leipzig: Engelmann.

Brodocz, André (2003), *Die symbolische Dimension der Verfassung*, Wiesbaden: Westdeutscher Verlag.

Brohm, Winfried (1969), *Strukturen der Wirtschaftsverwaltung: Organisationsformen und Gestaltungsmöglichkeiten im Wirtschaftsverwaltungsrecht*, Stuttgart: Kohlhammer.

Brohm, Winfried (1972), »Die Dogmatik des Verwaltungsrechts vor den Gegenwartsaufgaben der Verwaltung«, in: *Veröffentlichungen der Vereinigung deutscher Staatsrechtslehrer* 30, S. 245-313.

Brunkhorst, Hauke (2003), »Der lange Schatten des Staatswillenspositivismus – Parlamentarismus zwischen Untertanenrepräsentation und Volkssouveränität«, in: *Leviathan* 31 (3), S. 362-381.

Brunkhorst, Hauke (2004), *Solidarität: Von der Bürgerfreundschaft zur globalen Rechtsgenossenschaft*, Frankfurt am Main: Suhrkamp.

Buchstein, Hubertus (1992), *Politikwissenschaft und Demokratie: Wissenschaftskonzeption und Demokratietheorie sozialdemokratischer Nachkriegspolitologen in Berlin*, Baden-Baden: Nomos.

Bülow, Birgit von (1996), *Die Staatsrechtslehre der Nachkriegszeit: (1945-1952)*, Berlin: Verlag Spitz/Nomos.

Bumke, Christian (2004), »Die Entwicklung der verwaltungsrechtswissenschaftlichen Methodik in der Bundesrepublik Deutschland«, in: *Methoden der Verwaltungsrechtswissenschaft*, hg. v. Eberhard Schmidt-Aßmann und Wolfgang Hoffmann-Riem, Baden-Baden: Nomos, S. 73-130.

Bumke, Ulrike (1995), *Die öffentliche Aufgabe der Landesmedienanstalten: Verfassungs- und organisationsrechtliche Überlegungen zur Rechtsstellung einer verselbständigten Verwaltungseinheit*, München: Beck.

Calliess, Christian (2001), *Rechtsstaat und Umweltstaat: Zugleich ein Beitrag zur Grundrechtsdogmatik im Rahmen mehrpoliger Verfassungsverhältnisse*, Tübingen: Mohr Siebeck.

Calliess, Christian (2002), »Sicherheit im freiheitlichen Rechtsstaat. Eine verfassungsrechtliche Gratwanderung mit staatstheoretischem Kompass«, in: *Zeitschrift für Rechtspolitik* 35 (1), S. 1-7.

Castel, Robert (2005), *Die Stärkung des Sozialen: Leben im neuen Wohlfahrtsstaat*, Hamburg: Hamburger Edition.

Dann, Philip (2004), *Parlamente im Exekutivföderalismus: Eine Studie zum Verhältnis von föderaler Ordnung und parlamentarischer Demokratie in der Europäischen Union*, Berlin u. a.: Springer.

Danwitz, Thomas von (1996), *Verwaltungsrechtliches System und Europäische Integration*, Tübingen: Mohr Siebeck.

Depenheuer, Otto (1995), »Integration durch Verfassung? Zum Identitätskonzept des Verfassungspatriotismus«, in: *Die Öffentliche Verwaltung* 48 (20), S. 854-860.

Di Fabio, Udo (1993), »Der neue Art. 23 des Grundgesetzes. Positivierung vollzogenen Verfassungswandels oder Verfassungsneuschöpfung?«, in: *Der Staat* 32, S. 191-217.

Di Fabio, Udo (1997), »Verwaltung und Verwaltungsrecht zwischen gesellschaftlicher Selbstregulierung und staatlicher Steuerung«, in: *Veröffentlichungen der Vereinigung deutscher Staatsrechtslehrer* 56, S. 235-283.

Di Fabio, Udo (1998), *Das Recht offener Staaten*, Tübingen: Mohr Siebeck.

Di Fabio, Udo (2001), *Der Verfassungsstaat in der Weltgesellschaft*, Tübingen: Mohr Siebeck.

Di Fabio, Udo (2004), *Die Staatsrechtslehre und der Staat*, Paderborn: Ferdinand Schöningh.

Dobner, Petra (1999), *Konstitutionalismus als Politikform*, Baden-Baden: Nomos.

Doehring, Karl (1968), *Befehlsdurchsetzung und Waffengebrauch: Europäische Menschenrechtskonvention und deutsches Recht*, Bad-Homburg v.d.H.: Gehlen.

Dombois, Hans Adolf (1952), *Strukturelle Staatslehre*, Berlin: Duncker & Humblot.

Dose, Nicolai (1994), *Die verhandelnde Verwaltung: Eine empirische Untersuchung über den Vollzug des Immissionsschutzrechts*, Baden-Baden: Nomos.

Drath, Martin (1952a), »Die Grenzen der Verfassungsgerichtsbarkeit«, in: *Veröffentlichungen der Vereinigung deutscher Staatsrechtslehrer* 9, S. 18-116.

Drath, Martin (1952b), »Zur Soziallehre und Rechtslehre vom Staat, ihren Gebieten und Methoden«, in: *Rechtsprobleme in Staat und Kirche. Festschrift für Rudolf Smend zum 70. Geburtstag*, hg. v. Erich Kaufmann, Ulrich Scheuner und Werner Weber, Göttingen: Schwartz, S. 41-58.

Drath, Martin (1966a), »Der Staat der Industriegesellschaft. Entwurf einer sozialwissenschaftlichen Staatslehre«, in: *Der Staat* 5, S. 273-284.

Drath, Martin (1966b), »Über eine kohärente sozio-kulturelle Theorie des Staates und des Rechts«, in: *Die moderne Demokratie und ihr Recht. Festschrift für Gerhard Leibholz zum 65. Geburtstag*, hg. v. Karl Dietrich Bracher, Christopher Dawson, Willi Geiger und Rudolf Smend, Bd. 1, Tübingen: Mohr Siebeck, S. 35-80.

Dreier, Horst (1986), *Rechtslehre, Staatssoziologie und Demokratietheorie bei Hans Kelsen*, Baden-Baden: Nomos.

Dreier, Horst (1999a), »Kontexte des Grundgesetzes«, in: *Deutsches Verwaltungsblatt* 114 (10), S. 667-679.

Dreier, Horst (1999b), »Zur ›Eigenständigkeit‹ der Verwaltung«, in: *Die Verwaltung* 25 (2), S. 137-156.

Dreier, Horst und Hilgendorf, Eric, Hg., (2008), *Kulturelle Identität als Grund und Grenze des Rechts*, Stuttgart: Franz Steiner.

Dürig, Günther (1955), »Der deutsche Staat im Jahre 1945 und seither«, in: *Veröffentlichungen der Vereinigung deutscher Staatsrechtslehrer* 13, S. 27-58.

Duve, Thomas (1998), *Normativität und Empirie im öffentlichen Recht und der Politikwissenschaft um 1900: Historisch-systematische Untersuchung des Lebens und Werks von Richard Schmidt (1862-1944) und der Methodenentwicklung seiner Zeit*, Ebelsbach: Aktiv-Druck und Verlag.

Dyson, Kenneth W. (1980), *The State Tradition in Western Europe: A Study of an Idea and Institution*, Oxford: Robertson.

Eckertz, Rainer (1995), »Bundesstaat und Demokratie«, in: *Offene Staatlichkeit: Festschrift für Ernst-Wolfgang Böckenförde zum 65. Geburtstag*, hg. v. Rolf Grawert, Bernhard Schlink, Rainer Wahl und Joachim Wieland, Berlin: Duncker & Humblot, S. 13-28.

Ehmke, Horst (1961), *»Ermessen« und »unbestimmter Rechtsbegriff« im Verwaltungsrecht*, Tübingen: Mohr Siebeck.

Ehmke, Horst (1962), »›Staat‹ und ›Gesellschaft‹ als verfassungstheoretisches Problem«, in: *Staatsverfassung und Kirchenordnung: Festgabe für Rudolf Smend zum 80. Geburtstag*, hg. v. Konrad Hesse, Siegfried Reicke und Ulrich Scheuner, Tübingen: Mohr Siebeck, S. 23-49.

Ehmke, Horst (1966), »Staat und Verbände«, Diskussionsbeitrag in: *Veröffentlichungen der Vereinigung deutscher Staatsrechtslehrer* 24, S. 94-97.

Eicher, Hermann (1988), *Der Machtverlust der Landesparlamente: Historischer Rückblick, Bestandsaufnahme, Reformansätze*, Berlin: Duncker & Humblot.

Eifert, Martin (1998), *Grundversorgung mit Telekommunikationsleistungen im Gewährleistungsstaat*, Baden-Baden: Nomos.

Ellwein, Thomas (1954), *Das Erbe der Monarchie in der deutschen Staatskrise. Zur Geschichte des Verfassungsstaates in Deutschland*, Tübingen: Mohr Siebeck.

Ellwein, Thomas und Hesse, Joachim J., Hg., (1994), *Der überforderte Staat*, Baden-Baden: Nomos.

Emde, Ernst-Thomas (1991), *Die demokratische Legitimation der funktionalen Selbstverwaltung: Eine verfassungsrechtliche Studie anhand der Kammern der Sozialversicherungsträger und der Bundesanstalt für Arbeit*, Berlin: Duncker & Humblot.

Emmerich, Volker (1969), *Das Wirtschaftsrecht der öffentlichen Unternehmen*, Bad Homburg v.d.H.: Gehlen.

Engel, Christoph und Morlok, Martin, Hg., (1998), *Öffentliches Recht als Gegenstand ökonomischer Forschung*, Tübingen: Mohr Siebeck.

Engel, Christoph (2002), *Abfallrecht und Abfallpolitik*, Baden-Baden: Nomos.

Engel, Christoph und Schön, Wolfgang, Hg., (2007), *Das Proprium der Rechtswissenschaft*, Tübingen: Mohr Siebeck.

Ermacora, Felix (1970²), *Allgemeine Staatslehre: Vom Nationalstaat zum Weltstaat*, Berlin: Duncker & Humblot.

Eschenburg, Theodor (1955), *Herrschaft der Verbände?*, Stuttgart: Deutsche Verlagsanstalt.

Evans, Peter, Rueschemeyer, Dietrich und Skopcol, Thedal, Hg., (1985), *Bringing the State Back In*, Cambridge: Cambridge University Press.

Ewald, François (1993), *Der Vorsorgestaat*, Frankfurt am Main: Suhrkamp.

Fassbender, Bardo (1998), *UN Security Council Reform and the Right of Veto: A Constitutional Perspective*, Den Haag u. a.: Kluwer Law International.

Fischer-Appelt, Dorothee (1999), *Die Agenturen der Europäischen Gemeinschaft: Eine Studie zu Rechtsproblemen, Legitimation und Kontrolle europäischer Agenturen mit interdisziplinären und rechtsvergleichenden Bezügen*, Berlin: Duncker & Humblot.

Fleiner, Fritz (1928⁸), *Institutionen des deutschen Verwaltungsrechts*, Tübingen: Mohr Siebeck.

Forsthoff, Ernst (1933), *Der totale Staat*, Hamburg: Hanseatische Verlagsanstalt.

Forsthoff, Ernst (1938), *Die Verwaltung als Leistungsträger*, Stuttgart: Kohlhammer.

Forsthoff, Ernst (1951²), *Lehrbuch des Verwaltungsrechts*, München: Beck.

Forsthoff, Ernst (1954), »Begriff und Wesen des sozialen Rechtsstaates«, in: *Veröffentlichungen der Vereinigung deutscher Staatsrechtslehrer* 12, S. 8-37.

Forsthoff, Ernst (1959), »Die Umbildung des Verfassungsgesetzes«, in: *Festschrift für Carl Schmitt zum 70. Geburtstag dargebracht von Freunden und Schülern*, hg.

v. Hans Barion, Ernst Forsthoff und Werner Weger, Berlin: Duncker & Humblot, S. 35-62.
Forsthoff, Ernst (1961), *Zur Problematik der Verfassungsauslegung*, Stuttgart: Kohlhammer.
Forsthoff, Ernst (1964), *Rechtsstaat im Wandel: Verfassungsrechtliche Abhandlungen 1954-1964*, Stuttgart: Kohlhammer.
Forsthoff, Ernst (1969), »Rezension zu Martin Kriele, ›Theorie der Rechtsgewinnung, entwickelt am Problem der Verfassungsinterpretation‹«, in: *Der Staat* 8, S. 523-526.
Forsthoff, Ernst (1971[2]), *Der Staat der Industriegesellschaft*, München: Beck.
Fraenkel, Ernst (1974), *Der Doppelstaat*, Frankfurt am Main: Europäische Verlagsanstalt.
Fraenkel, Ernst (1991), *Deutschland und die westlichen Demokratien*, Frankfurt am Main: Suhrkamp.
Frankenberg, Günter (2000), »The Return of the Contract: Problems and Pitfalls of European Constitutionalism«, in: *European Law Journal* 6 (3), S. 257-276.
Frei, Norbert (1997[2]), *Vergangenheitspolitik: Die Anfänge der Bundesrepublik und die NS-Vergangenheit*, München: Beck.
Friedrich, Carl J. (1953), *Der Verfassungsstaat der Neuzeit*, Berlin: Springer.
Friesenhahn, Ernst (1982), »Staatsgewalt und Rechtskontrolle 1932 und 1982«, in: *Demokratie in Anfechtung und Bewährung. Festschrift für Johannes Broermann*, hg. v. Joseph Listl und Herbert Schambeck, Berlin: Duncker & Humblot, S. 517-554.
Fröhling, Ortrun (1967), *Labands Staatsbegriff. Die anorganische Staatsperson als Konstruktionsmittel der deutschen konstitutionellen Staatslehre*, Diss. Marburg.
Frowein, Jochen Abr. (1994), »Das Maastricht-Urteil des Bundesverfassungsgerichts und die Grenzen der Verfassungsgerichtsbarkeit«, in: *Zeitschrift für ausländisches öffentliches Recht und Völkerrecht* 54 (1), S. 1-17.
Frowein, Jochen Abr. (2000a), »Die Wiederentdeckung des Menschen im Völkerrecht«, in: *Recht und Rechtswissenschaft. Signaturen und Herausforderungen zum Jahrtausendbeginn*, hg. v. Peter-Christian Müller-Graff und Herbert Roth, Heidelberg: Müller, S. 65-83.
Frowein, Jochen Abr. (2000b), »Konstitutionalisierung des Völkerrechts«, in: *Berichte der Deutschen Gesellschaft für Völkerrecht* 39, S. 427-445.
Gallwas, Hans-Ullrich (1971), »Die Erfüllung von Verwaltungsaufgaben durch Private«, in: *Veröffentlichungen der Vereinigung deutscher Staatsrechtslehrer* 29, S. 211-237.
Gawel, Erik und Lübbe-Wolf, Gertrude, Hg., (2000), *Effizientes Umweltordnungsrecht: Kritik und Grenzen*, Baden-Baden: Nomos.

Goldsmith, Jack und Posner, Eric (2005), *The Limits of International Law*, New York: Oxford University Press.

Graser, Alexander (2001), *Dezentrale Wohlfahrtstaatlichkeit im föderalen Binnenmarkt: Eine verfassungs- und sozialrechtliche Untersuchung am Beispiel der Vereinigten Staaten von Amerika*, Berlin: Duncker & Humblot.

Grawert, Rolf (1986), »Der Zusammenbruch des Staates und das Schicksal seiner Beamten im Spiegel der Nachkriegsjudikatur«, in: *Die Wiederherstellung des Berufsbeamtentums nach 1945: Geburtsfehler oder Stützpfeiler der Demokratiegründung in Westdeutschland*, hg. v. Friedrich Gerhard Schwegmann, Düsseldorf: Schwann, S. 25-47.

Greber, Anton R. (2000), *Die vorpositiven Grundlagen des Bundesstaates*, Basel: Helbing und Lichterhahn.

Grewe, Wilhelm G. (1948), *Ein Besatzungsstatut für Deutschland*, Stuttgart: K. F. Koehler.

Grimm, Dieter (1973), »Staatsrechtslehre und Politikwissenschaft«, in: *Rechtswissenschaft und Nachbarwissenschaften*, hg. v. Dieter Grimm, Bd. 1, München: Beck, S. 53-67.

Grimm, Dieter (1990a), »Staatszwecke im Verfassungsstaat – nach 40 Jahren Grundgesetz«, Diskussionsbeitrag in: *Veröffentlichungen der Vereinigung deutscher Staatsrechtslehrer* 48, S. 134-136.

Grimm, Dieter, Hg., (1990b), *Wachsende Staatsaufgaben – sinkende Steuerungsfähigkeit des Rechts*, Baden-Baden: Nomos.

Grimm, Dieter, Hg., (1994), *Staatsaufgaben*, Baden-Baden: Nomos.

Grimm, Dieter (1995), »Braucht Europa eine Verfassung?«, in: *Juristenzeitung* 50 (12), S. 581-591.

Grimm, Dieter (2001), »Regulierte Selbstregulierung in der Tradition des Verfassungsstaates«, in: *Regulierte Selbstregulierung als Steuerungskonzept des Gewährleistungsstaates: Ergebnisse des Symposiums aus Anlaß des 60. Geburtstages von Wolfgang Hoffmann-Riem* (= *Die Verwaltung*, Beiheft 4), Berlin: Duncker & Humblot, S. 9-19.

Gruchmann, Lothar (1962), *Nationalsozialistische Großraumordnung: Die Konstruktion einer »deutschen Monroe-Doktrin«*, Stuttgart: Deutsche Verlagsanstalt.

Günther, Frieder (2003), *Denken vom Staat her. Die bundesdeutsche Staatsrechtslehre zwischen Dezision und Integration 1949-1970*, München: Oldenbourg.

Gusy, Christoph, Hg., (2000), *Demokratisches Denken in der Weimarer Republik*, Baden-Baden: Nomos.

Gusy, Christoph (2004), »Gewährleistung von Freiheit und Sicherheit im Lichte unterschiedlicher Staats- und Verfassungsverständnisse«, in: *Veröffentlichungen der Vereinigung deutscher Staatsrechtslehrer* 63, S. 151-191.

Gusy, Christoph (2007), »Brauchen wir eine juristische Staatslehre?«, in: *Jahrbuch des öffentlichen Rechts der Gegenwart* 55, S. 41-71.

Häberle, Peter (1970), *Öffentliches Interesse als juristisches Problem*, Bad Homburg: Athenäum.

Häberle, Peter (1972), »Grundrechte im Leistungsstaat«, in: *Veröffentlichungen der Vereinigung deutscher Staatsrechtslehrer* 30, S. 43-142.

Häberle, Peter (1986), »Verfassungsstaatliche Staatsaufgabenlehre«, in: *Archiv des öffentlichen Rechts* 111 (4), S. 595-611.

Habermas, Jürgen (1987), »Über den doppelten Boden des demokratischen Rechtsstaates«, in: Ders., *Eine Art Schadensabwicklung. Kleine politische Schriften*, Bd. 6, Frankfurt am Main: Suhrkamp, S. 18-23.

Habermas, Jürgen (1990), *Strukturwandel der Öffentlichkeit: Untersuchungen zu einer Kategorie der bürgerlichen Gesellschaft*, Frankfurt am Main: Suhrkamp.

Habermas, Jürgen (2005), *Der geteilte Westen*, Frankfurt am Main: Suhrkamp.

Haibach, Georg (1999), »Komitologie nach Amsterdam – Die Übertragung von Rechtsetzungsbefugnissen im Rechtsvergleich«, in: *Verwaltungsarchiv* 90 (1), S. 98-111.

Haltern, Ulrich (1998), *Verfassungsgerichtsbarkeit, Demokratie und Mißtrauen*, Berlin: Duncker & Humblot.

Haltern, Ulrich (2005a), *Europarecht. Dogmatik im Kontext*, Tübingen: Mohr Siebeck.

Haltern, Ulrich (2005b), *Europarecht und das Politische*, Tübingen: Mohr Siebeck.

Haltern, Ulrich (2006), »Unsere protestantische Menschenwürde«, in: *Menschenwürde in der säkularen Verfassungsordnung*, hg. v. Petra Bahr und Hans-Michael Heinig, Tübingen: Mohr Siebeck, S. 93-124.

Haltern, Ulrich (2007), *Was bedeutet Souveränität?*, Tübingen: Mohr Siebeck.

Hamann, Andreas (1958), »Zur Frage eines Ausnahme- oder Staatsnotstandsrechts«, in: *Deutsches Verwaltungsblatt* 73 (12), S. 405-410.

Hanebeck, Alexander (2004), *Der demokratische Bundesstaat des Grundgesetzes*, Berlin: Duncker & Humblot.

Hänel, Albert (1873), *Die vertragsmäßigen Elemente der deutschen Reichsverfassung*, Leipzig: Haessel.

Harms, Katharina (1999), *Verfassungsrecht in Umbruchssituationen*, Baden-Baden: Nomos.

Hartwich, Hans-Hermann (1987), »Die Suche nach einer wirklichkeitsnahen Lehre vom Staat«, in: *Aus Politik und Zeitgeschichte* 37 (46-47), S. 3-20.

Hatje, Armin (1998), *Die gemeinschaftsrechtliche Steuerung der Wirtschaftsverwaltung: Grundlagen, Erscheinungsformen, verfassungsrechtliche Grenzen am Beispiel der Bundesrepublik Deutschland*, Baden-Baden: Nomos.

Heckel, Johannes (1932), »Diktatur, Notverordnungsrecht, Verfassungsnotstand«, in: *Archiv des öffentlichen Rechts* 61 (3), S. 257-338.
Heckel, Martin (1995), *Die deutsche Einheit als Verfassungsfrage: Wo war das Volk?*, Heidelberg: Winter.
Heidorn, Joachim (1982), *Legitimität und Regierbarkeit: Studien zu den Legitimationstheorien von Max Weber, Niklas Luhmann, Jürgen Habermas und der Unregierbarkeitsforschung*, Berlin: Duncker & Humblot.
Heimburg, Sibylle von (1982), *Verwaltungsaufgaben und Private: Funktionen und Typen der Beteiligung Privater an öffentlichen Aufgaben unter besonderer Berücksichtigung des Baurechts*, Berlin: Duncker & Humblot.
Heinig, Michael (2008), *Der Sozialstaat im Dienst der Freiheit*, Tübingen: Mohr Siebeck.
Heinig, Michael und Walter, Christian, Hg., (2007), *Staatskirchenrecht oder Religionsverfassungsrecht?*, Tübingen: Mohr Siebeck.
Heintzen, Markus (1986), »Das staatliche Gewaltmonopol als Strukturelement des Völkerrechts«, in: *Der Staat* 25, S. 17-33.
Heller, Hermann (1927), *Die Souveränität: Ein Beitrag zur Theorie des Staats- und Völkerrechts*, Berlin: de Gruyter.
Heller, Hermann (1934), *Staatslehre*, Leiden: Sijthoff.
Henke, Wilhelm (1973), »Die Lehre vom Staat«, in: *Der Staat* 12, S. 219-236.
Henne, Thomas, Hg., (2005), *Das Lüth-Urteil aus (rechts-)historischer Sicht: Die Konflikte um Veit Harlan und die Grundrechtsjudikatur des Bundesverfassungsgerichts*, Berlin: Berliner Wissenschaftsverlag.
Hennis, Wilhelm (1965), »Aufgaben einer modernen Regierungslehre«, in: *Politische Vierteljahresschrift* 6 (4), S. 422-431.
Hennis, Wilhelm (1968), *Verfassung und Verfassungswirklichkeit: Ein deutsches Problem*, Tübingen: Mohr Siebeck.
Hennis, Wilhelm, Hg., (1977-1979), *Regierbarkeit*, Bd. 1-2, Stuttgart: Klett-Cotta.
Hermes, Georg (1998), *Staatliche Infrastrukturverantwortung: Rechtliche Grundstrukturen netzgebundener Transport- und Übertragungssysteme zwischen Daseinsvorsorge und Wettbewerbsregulierung am Beispiel der leitungsgebundenen Energieversorgung in Europa*, Tübingen: Mohr Siebeck.
Herz, Hans (1931), *Die Identität des Staates*, Düsseldorf: Ohligschläger.
Herzog, Roman (1971), *Allgemeine Staatslehre*, Frankfurt am Main: Athenäum.
Herzog, Roman (1988), »Ziele, Vorbehalte und Grenzen der Staatstätigkeit«, in: *Handbuch des Staatsrechts der Bundesrepublik Deutschlands*, hg. v. Josef Isensee und Paul Kirchhof, Bd. 3, Heidelberg: Müller, S. 83-120.
Hesse, Konrad (1955), »Ausnahmezustand und Grundgesetz«, in: *Die öffentliche Verwaltung* 8 (24), S. 741-746.
Hesse, Konrad (1956), *Der Rechtsschutz durch staatliche Gerichte im kirchlichen*

Bereich: Zugleich ein Beitrag zur Frage der rechtlichen Verhältnisses von Staat und Kirche in der Gegenwart, Göttingen: Schwartz.
Hesse, Konrad (1961), *Der unitarische Bundesstaat*, Karlsruhe: Müller.
Hesse, Konrad (1971), »Rezension zu Willhelm Hennis: ›Verfassung und Verfassungswirklichkeit: Ein deutsches Problem‹«, in: *Archiv des öffentlichen Rechts* 96 (1), S. 137-140.
Hesse, Konrad (1975), »Bemerkungen zur heutigen Problematik und Tragweite der Unterscheidung von Staat und Gesellschaft«, in: *Die öffentliche Verwaltung* 28 (13/14), S. 437-443.
Hesse, Joachim J. (1987), »Aufgaben einer Staatslehre heute«, in: *Jahrbuch zur Staats- und Verwaltungswissenschaft* 1, S. 55-87.
Hesse, Joachim J., Wahl, Rainer und Wille, Eberhard (1990), »Staatswissenschaften: Von der Notwendigkeit disziplinübergreifenden Denkens«, in: *Staatswissenschaften – vergessene Disziplin oder neue Herausforderung?*, hg. v. Thomas Ellwein und Joachim J. Hesse, Baden-Baden: Nomos, S. 309-327.
Heuschling, Luc (2002), *Etat de droit – Rechtsstaat – Rule of Law*, Paris: Dalloz.
Heuschling, Luc (2006), »Die Struktur der demokratischen Legitimität im französischen Recht: Zwischen Monismus und Pluralismus, zwischen Subjekt-Symbolik und Gewaltenmechanik«, in: *Europäische Grundrechte-Zeitschrift* 12-16, S. 338-352.
Heydte, Friedrich August von der (1952), »Staatsnotstand und Gesetzgebungsnotstand«, in: *Verfassung und Verwaltung in Theorie und Wirklichkeit: Festschrift für Wilhelm Laforet anläßlich seines 75. Geburtstages*, hg. v. Adolf Süsterhenn, München: Isar-Verlag, S. 59-82.
Heydte, Friedrich August von der (1955), »Der deutsche Staat im Jahre 1945 und seither«, in: *Veröffentlichungen der Vereinigung deutscher Staatsrechtslehrer* 13, S. 6-26.
Hirsch, Günther (2006), »Zwischenruf«, in: *Zeitschrift für Rechtspolitik* 39, S. 161.
Hoffmann-Riem, Wolfgang (1977), »Rechtswissenschaften als Rechtsanwendungswissenschaften – Lernzielthesen zur Integration von Rechts- und Sozialwissenschaft«, in: *Sozialwissenschaften im Studium des Rechts*, hg. v. Wolfgang Hoffmann-Riem, Bd. 2, München: Beck, S. 1-32.
Hoffmann-Riem, Wolfgang (1981a), »Selbstbindungen der Verwaltung«, in: *Veröffentlichungen der Vereinigung deutscher Staatsrechtslehrer* 40, S. 187-240.
Hoffmann-Riem, Wolfgang (1981b), »Sozialwissenschaftlich orientierte Rechtsanwendung in öffentlich-rechtlichen Übungs- und Prüfungsarbeiten. Vorüberlegungen und praktische Hinweise«, in: *Sozialwissenschaften im öffentlichen Recht*, hg. v. Wolfgang Hoffmann-Riem, Neuwied: Luchterhand 1981, S. 3-66.
Hoffmann-Riem, Wolfgang und Schmidt-Aßmann, Eberhard (1993-2004), *Schriften zur Reform des Verwaltungsrechts*, Bd. 1-10, Baden-Baden: Nomos.

Hoffmann-Riem, Wolfgang und Schmidt-Aßmann, Eberhard, Hg., (2000), *Verwaltungsrecht in der Informationsgesellschaft*, Baden-Baden: Nomos.

Hoffmann-Riem, Wolfgang, Schmidt-Aßmann, Eberhard und Voßkuhle, Andreas, Hg., (2006), *Grundlagen des Verwaltungsrechts*, Bd. 1, München: Beck.

Hofmann, Hasso (1974), *Repräsentation*, Berlin: Duncker & Humblot.

Hofmann, Hasso (1977), *Legimität und Rechtsgeltung*, Berlin: Duncker & Humblot.

Hofmann, Hasso (1998), *Das Recht des Rechts, das Recht der Herrschaft und die Einheit der Verfassung*, Berlin: Duncker & Humblot.

Hofmann, Hasso (1999), »Von der Staatssoziologie zur Soziologie der Verfassung?«, in: *Juristenzeitung* 54, S. 1065- 1079.

Hollerbach, Alexander (1960), »Auflösung der rechtsstaatlichen Verfassung«, in: *Archiv des öffentlichen Rechts* 85 (3), S. 242-270.

Hollerbach, Alexander (1977), »Katholizismus und Jurisprudenz in Deutschland 1876-1976«, in: *Gestalten und Probleme katholischer Rechts- und Soziallehre*, hg. v. Clemens Bauer, Paderborn: Schöningh, S. 55-90.

Huber, Ernst-Rudolf (1939^2), *Das Verfassungsrecht des großdeutschen Reiches*, Hamburg: Hanseatische Verlagsanstalt.

Huber, Peter M. (1993), *Maastricht – ein Staatsstreich?*, Stuttgart: Boorberg.

Hübinger, Gangolf (1988), »Staatstheorie und Politik als Wissenschaft im Kaiserreich: Georg Jellinek, Otto Hintze, Max Weber«, in: *Politik, Philosophie, Praxis. Festschrift für Wilhelm Hennis*, hg. v. Hans Maier, Ulrich Matz, Kurt Sontheimer und Paul-Ludwig Weinacht, Stuttgart: Klett-Cotta, S. 143-162.

Hurrelmann, Achim, Leibfried, Stephan, Martens, Kerstin und Mayer, Peter, Hg., (2007), *Transforming the Golden-Age Nation State*, Basingstoke: Palgrave Macmillan.

Imboden, Max (1958), »Rezension zu Herrmann Jahrreiss, ›Mensch und Staat: Rechtsphilosophische, staatsrechtliche und völkerrechtliche Grundfragen unserer Zeit‹«, in: *Archiv des öffentlichen Rechts* 83 (2), S. 356-360.

Ipsen, Hans Peter (1950), »Tragweite der Generalklausel im Art. 19 Abs. 4 des Bonner Grundgesetzes«, Diskussionsbeitrag in: *Veröffentlichungen der Vereinigung deutscher Staatsrechtslehrer* 8, S. 157-158.

Ipsen, Hans Peter (1972), *Europäisches Gemeinschaftsrecht*, Tübingen: Mohr Siebeck.

Ipsen, Hans Peter (1973), »Über Supranationalität«, in: *Festschrift für Ulrich Scheuner zum 70. Geburtstag*, hg. v. Horst Ehmke, Berlin: Duncker & Humblot, S. 211-225.

Ipsen, Hans Peter (1949), »Über das Grundgesetz«, in: Ders., *Über das Grundgesetz: Gesammelte Beiträge seit 1949*, Tübingen: Mohr Siebeck 1988, S. 1-37.

Ipsen, Hans Peter (1993), *Staatsrechtslehrer unter dem Grundgesetz: Tagungen ihrer Vereinigung 1949-1992*, Tübingen: Mohr Siebeck.

Ipsen, Hans Peter (1994), »Zehn Glossen zum Maastricht-Urteil«, in: *Europarecht* 29 (1), S. 1-21.
Isensee, Josef (1979), »Verfassung ohne Ernstfall: Der Rechtsstaat«, in: *Der Ernstfall*, hg. v. Anton Peisl und Armin Mohler, München u. a.: Propyläen, S. 98-123.
Isensee, Josef (1986), »Die Verfassung als Vaterland: Zur Staatsverdrängung der Deutschen«, in: *Wirklichkeit als Tabu: Anmerkungen zur Lage*, hg. v. Armin Mohler, München: Oldenbourg, S. 11-35.
Isensee, Josef (1987), »Staat und Verfassung«, in: *Handbuch des Staatsrechts der Bundesrepublik Deutschland*, hg. v. Josef Isensee und Paul Kirchhof, Bd. 1, Heidelberg: Müller, S. 591-661.
Isensee, Josef und Kirchhof, Paul, Hg., (1987-), *Handbuch des Staatsrechts der Bundesrepublik Deutschland*, Bd. 1-9, Heidelberg: Müller.
Isensee, Josef (1990), »Staatszwecke im Verfassungsstaat – nach 40 Jahren Grundgesetz«, Diskussionsbeitrag in: *Veröffentlichungen der Vereinigung deutscher Staatsrechtslehrer* 48, S. 136-139.
Isensee, Josef (1995), *Das Volk als Grund der Verfassung*, Paderborn: Schöningh.
Isensee, Josef (2001²), *Subsidiaritätsprinzip und Verfassungsrecht: Eine Studie über das Regulativ des Verhältnisses von Staat und Gesellschaft*, Berlin: Duncker & Humblot.
Jacobs, Francis und Karst, Kenneth (1986), »The ›Federal‹ Legal Order: The U.S.A. and Europe Compared – A Juridical Perspective«, in: *Integration Through Law: Europe and the American Federal Experience*, hg. v. Mauro Cappelletti, Monica Seccombe und Joseph H. H. Weiler, Bd. I/1, Berlin: de Gruyter, S. 169-243.
Jänicke, Martin (1986), *Staatsversagen: Die Ohnmacht der Politik in der Industriegesellschaft*, München: Piper.
Jellinek, Georg (1882), *Die Lehre von den Staatenverbindungen*, Wien: Hölder.
Jellinek, Walter (1950), »Kabinettsfrage und Gesetzgebungsnotstand nach dem Bonner Grundgesetz«, in: *Veröffentlichungen der Vereinigung deutscher Staatsrechtslehrer* 8, S. 3-20.
Jesch, Dietrich (1961¹), *Gesetz und Verwaltung: Eine Problemstudie zum Wandel des Gesetzmäßigkeitsprinzips*, Tübingen: Mohr Siebeck.
Jestaedt, Matthias und Lepsius, Oliver (2006), »Vorwort der Herausgeber«, in: *Hans Kelsen. Verteidigung der Demokratie: Abhandlungen zur Demokratietheorie*, hg. v. Matthias Jestaedt und Oliver Lepsius, Tübingen: Mohr Siebeck, S. VII-XXIX.
Jestaedt, Matthias und Lepsius, Oliver, Hg., (2008), *Rechtswissenschaftstheorie*, Tübingen: Mohr Siebeck.
Joerges, Christian und Neyer, Jürgen (1997), »From Intergovernmental Bargaining to Deliberative Political Processes: The Constitutionalisation of Comitology«, in: *European Law Journal* 3 (3), S. 273-299.

Joerges, Christian und Falke, Josef, Hg., (2000), *Das Ausschußwesen der Europäischen Union: Praxis der Risikoregulierung im Binnenmarkt und ihre rechtliche Verfassung*, Baden-Baden: Nomos.

Joerges, Christian, Mény, Yves und Weiler, Joseph H. H., Hg., (2002), *Mountain or Molehill? A Critical Appraisal of the Commission White Paper on Governance*, Florenz: Europäisches Hochschulinstitut.

Joerges, Christian, Ghaleigh, Navraj Singh, Hg., (2005), *Darker Legacies of European Integration: The Shadow of National Socialism and Facism over Europe and its Legal Tradition*, Oxford: Hart.

Judt, Tony (2005), *Postwar: A History of Europe Since 1945*, New York u. a.: Penguin Press.

Jürgens, Ulrich (1990), »Entwicklungslinien der staatstheoretischen Diskussion seit den siebziger Jahren«, in: *Aus Politik und Zeitgeschichte* 40 (9-10), S. 14-22.

Kadelbach, Stefan (1999), *Allgemeines Verwaltungsrecht unter europäischem Einfluß*, Tübingen: Mohr Siebeck.

Kahl, Wolfgang (2002), »Die rechtliche Bedeutung der Unterscheidung von Staat und Gesellschaft«, in: *Juristische Ausbildung* 24 (12), S. 721-729.

Kaiser, Joseph H. (1956), *Die Repräsentation organisierter Interessen*, Berlin: Duncker & Humblot.

Kaufmann, Erich (1948), *Deutschlands Rechtslage unter der Besatzung*, Stuttgart: K.F. Koehler.

Kaufmann, Erich (1952), »Die Grenzen der Verfassungsgerichtsbarkeit«, in: *Veröffentlichungen der Vereinigung deutscher Staatsrechtslehrer* 9, S. 1-17.

Kaufmann, Erich (1960), »Carl Schmitt und seine Schule. Offener Brief an Ernst Forsthoff«, in: Ders., *Gesammelte Schriften*, Bd. 3, Göttingen: Schwartz.

Kaufmann, Marcel (1997), *Europäische Integration und Demokratieprinzip*, Baden-Baden: Nomos.

Kelsen, Hans (1920), *Vom Wesen und Wert der Demokratie*, Tübingen: Mohr Siebeck.

Kelsen, Hans (1925), *Allgemeine Staatslehre*, Berlin: Springer.

Kelsen, Hans (1944), »The International Legal Status of Germany to be Established Immediately upon Termination of the War«, in: *American Journal of International Law* 38 (4), S. 689-694.

Kelsen, Hans (1945), »The Legal Status of Germany According to the Declaration of Berlin«, in: *American Journal of International Law* 39 (3), S. 518-526.

Kersten, Jens (2000), *Georg Jellinek und die klassische Staatslehre*, Tübingen: Mohr Siebeck.

Kersten, Jens (2005), »Die Entwicklung des Konzepts der Daseinsvorsorge im Werk von Ernst Forsthoff«, in: *Der Staat* 44, S. 543-569.

Kirchhof, Paul (1976), »Die Zulässigkeit des Einsatzes staatlicher Gewalt in Aus-

nahmesituationen«, in: *Die Zulässigkeit des Einsatzes staatlicher Gewalt in Ausnahmesituationen*, hg. v. William Birtles, Karlsruhe/Heidelberg: Müller, S.83-118.
Kirchhof, Paul (1992), *Brauchen wir ein erneuertes Grundgesetz?*, Heidelberg: Müller.
Kirn, Michael (1972), *Verfassungsumsturz oder Rechtskontinuität? Die Stellung der Jurisprudenz nach* 1945 *zum Dritten Reich insbesondere der Konflikt um die Kontinuität der Beamtenrechte und Art.* 131 *Grundgesetz*, Berlin: Duncker & Humblot.
Klein, Hans Hugo (1965), »Zum Begriff der öffentlichen Aufgabe«, in: *Die öffentliche Verwaltung* 18 (21/22), S.755-759.
Klein, Hans Hugo (1968), *Die Teilnahme des Staates am wirtschaftlichen Wettbewerb*, Stuttgart: Kohlhammer.
Klein, Hans Hugo (1969), »Dienstpflichten und Spannungsfall in der Notstandsverfassung«, in: *Der Staat* 8, S. 363-386 und (4), S. 479-492.
Klein, Hans Hugo (1972), *Die Grundrechte im demokratischen Staat: Kritische Bemerkung zur Auslegung der Grundrechte in der deutschen Staatsrechtslehre der Gegenwart*, Stuttgart: Kohlhammer.
Klein, Hans Hugo (1979), »Verfassungstreue und Schutz der Verfassung«, in: *Veröffentlichungen der Vereinigung deutscher Staatsrechtslehrer* 37, S. 53-114.
Klein, Eckart (1989), »Die Staatsräson der Bundesrepublik Deutschland«, in: *Staat und Völkerrechtsordnung: Festschrift für Karl Doehring*, hg. v. Kay Hailbronner, Berlin: Springer, S. 459-478.
Klein, Friedrich (1950), »Tragweite der Generalklausel im Art. 19 Abs. 4 des Bonner Grundgesetzes«, in: *Veröffentlichungen der Vereinigung deutscher Staatsrechtslehrer* 8, S. 67-125.
Köck, Heribert F. (1978), *Der Gesamtakt in der deutschen Integrationslehre. Eine Untersuchung aus dem Grenzbereich von staatlichem Recht und Völkerrecht*, Berlin: Duncker & Humblot.
Kommission der Europäischen Gemeinschaften (2001), *Europäisches Regieren: Ein Weißbuch*, Luxemburg: Amt für Amtliche Veröffentlichungen der Europäischen Gemeinschaften, KOM (2001) 428 endgültig.
König, Klaus und Dose, Nicolai (1993), »Klassifikationsansätze zum staatlichen Handeln«, in: *Instrumente und Formen staatlichen Handelns*, hg. v. Klaus König und Nicolai Dose, Köln: Heymann, S. 1-150.
Korioth, Stefan (1990), *Integration und Bundesstaat: Ein Beitrag zur Staats- und Verfassungslehre Rudolf Smends*, Berlin: Duncker & Humblot.
Korioth, Stefan (1992), »Erschütterungen des staatsrechtlichen Positivismus im ausgehenden Kaiserreich: Anmerkungen zu frühen Arbeiten von Carl Schmitt, Rudolf Smend und Erich Kaufmann«, in: *Archiv des öffentlichen Rechts* 117 (2), S.212-238.

Koskenniemi, Martti (2007), »International Governance«, in: *Internationale Verrechtlichung und Demokratie. Festschrift für Hauke Brunkhorst zum 60. Geburtstag*, hg. v. Regina Kreide, Frankfurt am Main: Campus.

Krajewski, Markus (2001), *Verfassungsperspektiven und Legitimation des Rechts der WTO*, Berlin: Duncker & Humblot.

Kriele Martin (1992), »Grundrechte und demokratischer Gestaltungsspielraum«, in: *Handbuch des Staatsrechts der Bundesrepublik Deutschland*, hg. v. Josef Isensee und Paul Kirchhof, Bd. 5, Heidelberg: Müller, S. 101-143.

Krüger, Herbert (1954a), »Das Bundesverfassungsgericht und der moderne Staat«, in: *Zeitschrift für Beamtenrecht* 2 (2), S. 33-37.

Krüger, Herbert (1954b), *Gegen eine Entstaatlichung der öffentlichen Wege*, Bielefeld: Kirschbaum.

Krüger, Herbert (1957), »Das besondere Gewaltverhältnis«, in: *Veröffentlichungen der Vereinigung deutscher Staatsrechtslehrer* 15, S. 109-133.

Krüger, Herbert (1966^2), *Allgemeine Staatslehre*, Stuttgart: Kohlhammer.

Krüger, Herbert (1971), »Die Deutsche Staatlichkeit im Jahre 1971«, in: *Der Staat* 10, S. 1-32.

Krüger, Herbert (1973), »Verfassungsvoraussetzungen und Verfassungserwartungen«, in: *Festschrift für Ulrich Scheuner zum 70. Geburtstag*, hg. v. Horst Ehmke und Joseph H. Kaiser, Berlin: Duncker & Humblot, S. 285-306.

Kunze, Rolf-Ulrich (2001), »Reconsidered: ›Der Mensch ist nicht für den Staat, sondern der Staat für den Menschen da.‹ Der Parlamentarische Rat und die Entstehung des Grundgesetzes«, in: *Der Staat* 40, S. 383-404.

Laband, Paul (1888^2), *Das Staatsrecht des Deutschen Reiches*, Bd. 1, Tübingen: Laupp.

Latour, Bruno (2008), *Wir sind nie modern gewesen*, Berlin: Akademie Verlag.

Laun, Rudolf (1964^9), *Allgemeine Staatslehre im Grundriss: Ein Studienbehelf*, Bleckede a. d. E.: Meissner.

Leibfried, Stephan und Zürn, Michael, Hg., (2006), *Transformation des Staates?*, Frankfurt am Main: Suhrkamp.

Leibfried, Stephan, Castles, Francis G. und Obinger, Herbert (2005), »›Old‹ and ›New‹ Politics in Federal Welfare States«, in: *Federalism and the Welfare State. New World and European Experiences*, hg. v. Stephan Leibfried, Francis G. Castles und Herbert Obinger, Cambridge: Cambridge University Press, S. 307-355.

Leibfried, Stephan, Möllers, Christoph, Schmid, Christoph und Zumbansen, Peer (2006), »Redefining the Traditional Pillars of German Legal Studies and Setting the Stage for Contemporary Interdisciplinary Research«, in: *German Law Journal* 7 (8), S. 661-679.

Leibholz, Gerhard (1929), *Das Wesen der Repräsentation unter besonderer Berücksichtigung des Repräsentativsystems: Ein Beitrag zur allgemeinen Staats- und Verfassungslehre*, Berlin: de Gruyter.

Leibholz, Gerhard (1950), »Verfassungsrechtliche Stellung und innere Ordnung der Parteien«, in: *Verfassungsrechtliche Stellung und innere Ordnung der Parteien: Ausführung und Anwendung des Art. 21 und 38 I 2 des Grundgesetzes. Referate sowie Diskussionsbeiträge und Empfehlungen*, hg. v. Gerhard Leibholz und Hans Reif, Tübingen: Mohr Siebeck, S.C. 10.

Leibholz, Gerhard (1951), »Parteienstaat und repräsentative Demokratie«, in: *Deutsches Verwaltungsblatt* 66 (1), S. 1-8.

Leibholz, Gerhard (1966), »Staat und Verbände«, in: *Veröffentlichungen der Vereinigung deutscher Staatsrechtslehrer* 24, S. 5-33.

Leibholz, Gerhard (1967[3]), »Gesellschaftsordnung, Verbände, Staatsordnung«, in: Ders., *Strukturprobleme der modernen Demokratie*, Karlsruhe: Müller, S. 326-340.

Lepsius, M. Rainer (1993), »Die Teilung Deutschlands und die deutsche Nation«, in: Ders., *Demokratie in Deutschland: Soziologisch-historische Konstellationsanalysen. Ausgewählte Aufsätze*, Göttingen: Vandenhoeck & Ruprecht, S. 196-229.

Lepsius, Oliver (1994), *Die gegensatzaufhebende Begriffsbildung: Methodenentwicklungen in der Weimarer Republik und ihr Verhältnis zur Ideologisierung der Rechtswissenschaft im Nationalsozialismus*, München: Beck.

Lepsius, Oliver (1999a), »Die Ökonomik als neue Referenzwissenschaft für die Staatsrechtslehre?«, in: *Die Verwaltung* 32 (3), S. 429-444.

Lepsius, Oliver (1999b), *Steuerungsdiskussion, Systemtheorie und Parlamentarismuskritik*, Tübingen: Mohr Siebeck.

Lepsius, Oliver (2003), »Die Wiederentdeckung Weimars durch die bundesdeutsche Staatsrechtslehre«, in: *Weimars lange Schatten. Weimar als Argument nach 1945*, hg. v. Christoph Gusy, Baden-Baden: Nomos, S. 354-394.

Lepsius, Oliver (2004a), »Braucht das Verfassungsrecht eine Theorie des Staates? Eine deutsche Perspektive: Von der Staatstheorie zur Theorie der Herrschaftsformen«, in: *Europäische Grundrechte-Zeitschrift* 31 (13), S. 370-381.

Lepsius, Oliver (2004b), »Freiheit, Sicherheit und Terror: Die Rechtslage in Deutschland«, in: *Leviathan* 32 (1), S. 64-88.

Lepsius, Oliver (2004c), »Risikosteuerung durch Verwaltungsrecht: Ermöglichung oder Begrenzung von Innovationen«, in: *Veröffentlichungen der Vereinigung deutscher Staatsrechtslehrer* 63, S. 264-316.

Lerche, Peter (1961a), »Stil, Methode, Ansicht. Polemische Bemerkungen zum Methodenproblem«, in: *Deutsches Verwaltungsblatt* 76 (18/19), S. 690-701.

Lerche, Peter (1961b), *Übermaß und Verfassungsrecht*, Köln u.a.: Heymann.

Lerche, Peter (1963), *Verfassungsfragen um Sozialhilfe und Jugendwohlfahrt: Rechtsgutachten zur Verfassungsmäßigkeit des Bundessozialhilfegesetzes vom 30. Juni 1961 (BGBl. I S. 815) und des Bundesgesetzes vom 11. August 1961 (BGBl. I S. 1193/1206) zur Änderung und Ergänzung des Reichsjugendwohlfahrtsgesetzes*, Berlin: Duncker & Humblot.

Lerche, Peter (1964), »Föderalismus als nationales und internationales Ordnungsprinzip«, in: *Veröffentlichungen der Vereinigung deutscher Staatsrechtslehrer* 21, S. 66-105.

Lerche, Peter (1968), *Aktuelle föderalistische Verfassungsfragen: Eine Stellungnahme auf Anregung der Bayerischen Staatskanzlei*, München: Bayerische Staatskanzlei.

Lerche, Peter (1995), »›Kompetenz-Kompetenz‹ und das Maastricht-Urteil des Bundesverfassungsgerichts«, in: *Verfassungsrecht im Wandel: Wiedervereinigung Deutschlands, Deutschland in der Europäischen Union, Verfassungsstaat und Föderalismus. Zum 180jährigen Bestehen der Carl Heymanns Verlag KG*, hg. v. Jörn Ipsen, Köln: Heymann, S. 409-424.

Lerche, Peter (1996), »Art. 146 GG: Auftrag zur Neuverfassung Deutschlands«, in: *Theorie und Praxis: Festschrift für Nikolaus Lobkowicz zum 65. Geburtstag*, hg. v. Karl Graf Ballestrem und Henning Ottmann, Berlin: Duncker & Humblot, S. 299-309.

Lietzmann, Hans (1994), »Staatswissenschaftliche Abendröte. Zur Renaissance der Staatsorientierung in Deutschland«, in: *Demokratie, Verfassung und Nation*, hg. v. Jürgen Gebhardt und Rainer Schmalz-Bruns, Baden-Baden: Nomos, S. 72-101.

Link, Heinz-Christoph (1990), »Staatszwecke im Verfassungsstaat – nach 40 Jahren Grundgesetz«, in: *Veröffentlichungen der Vereinigung deutscher Staatsrechtslehrer* 48, S. 7-55.

Llanque, Marcus (2005), *Republikanismus*, Ms.

Loewenstein, Karl (1959), *Verfassungslehre*, Tübingen: Mohr Siebeck.

Lübbe-Wolff, Gertrude, »Homogenes Volk – Über Homogenitätspostulate und Integration«, in: *Zeitschrift für Ausländerrecht und Ausländerpolitik* 27, S. 121-127.

Löhr, Franziska Alice (2001), »Verschiebungen im Gewaltengefüge durch Privatisierung und Deregulierung«, in: *Funktionen und Kontrolle der Gewalten*, hg. v. Michael Demel, Carola Hausotter und Claudia Heybein, Stuttgart: Boorberg, S. 135-163.

Lowi, Theodore J. (1992), »The State in Political Science«, in: *American Political Science Review* 86, S. 1-7.

Luhmann, Niklas (1985), »Einige Probleme mit ›reflexivem Recht‹«, in: *Zeitschrift für Rechtssoziologie* 6 (1), S. 1-18.

Luhmann, Niklas (1986), *Ökologische Kommunikation: Kann die moderne Gesellschaft sich auf ökologische Gefährdungen einstellen?*, Opladen: Westdeutscher Verlag.

Luhmann, Niklas (1995a[4]), *Funktionen und Folgen formaler Organisation*, Berlin: Duncker & Humblot.

Luhmann, Niklas (1995b), »Metamorphosen des Staates«, in: Ders., *Gesellschaftsstruktur und Semantik*, Bd. 4, Frankfurt am Main: Suhrkamp, S. 101-137.

Macaulay, Stewart (1963), »Non-contractual Relations in Business: A Preliminary Study«, in: *American Sociological Review* 28 (1), S. 55-67.

Manow, Philip (2001), »Ordoliberalismus als ökonomische Ordnungstheologie«, in: *Leviathan* 29 (2), S. 179-198.
Martens, Wolfgang (1969), *Öffentlich als Rechtsbegriff*, Bad Homburg v.d.H.: Gehlen.
Mayer, Franz C. (2001), *Kompetenzbegründung und Letztentscheidung*, München: Beck.
Mayer, Otto (1924[3]), *Deutsches Verwaltungsrecht*, Berlin: Duncker & Humblot.
Mayntz, Renate, Derlien, Hans-Ulrich, Bohne, Eberhard, Hesse, Beate, Hucke, Jochen und Müller, Axel (1978), *Vollzugsprobleme der Umweltpolitik: Empirische Untersuchung der Implementation von Gesetzen im Bereich der Luftreinhaltung und des Gewässerschutzes*, Stuttgart: Kohlhammer.
Mehde, Veith (2000), *Neues Steuerungsmodell und Demokratieprinzip*, Berlin: Duncker & Humblot.
Mehde, Veith (2005), *Wettbewerb zwischen Staaten*, Baden-Baden: Nomos.
Menger, Christian Friedrich (1951/1952), »Rezension zu Richard Thoma, ›Grundriss der Allgemeinen Staatslehre‹; Rudolf Laun, ›Studienbehelf zur Allgemeinen Staatslehre‹; Günther und Erich Küchenhoff, ›Allgemeine Staatslehre‹«, in: *Archiv des öffentlichen Rechts* 77 (1), S. 117-119.
Merkel, Wolfgang (1999a), »Die Europäische Integration und das Elend der Theorie«, in: *Geschichte und Gesellschaft* 25 (2), S. 302-338.
Merkel, Wolfgang (1999b), *Systemtransformation: Eine Einführung in Theorie und Empirie der Transformationsforschung*, Opladen: Leske + Budrich.
Merkl, Adolf (1921), »Zum rechtstechnischen Problem der bundesstaatlichen Kompetenzverteilung«, in: *Zeitschrift für öffentliches Recht* 2 (2), S. 336-359.
Merten, Detlev (1992), »Verfassungspatriotismus und Verfassungsschwärmerei«, in: *Verwaltungsarchiv* 83 (2), S. 283-298.
Möllers, Christoph (1997), »Der parlamentarische Bundesstaat«, in: *Föderalismus – Auflösung oder Zukunft der Staatlichkeit?*, hg. v. Josef Aulehner, Andreas Dengler und Karlheinz Konrad, Stuttgart: Boorberg, S. 81-111.
Möllers, Christoph (1999), »Braucht das öffentliche Recht einen neuen Methoden- und Richtungsstreit?«, in: *Verwaltungsarchiv* 90 (2), S. 187-207.
Möllers, Christoph (2000), *Staat als Argument*, München: Beck.
Möllers, Christoph (2002), »Theorie, Praxis und Interdisziplinarität in der Verwaltungsrechtswissenschaft«, in: *Verwaltungsarchiv* 93 (1), S. 22-61.
Möllers, Christoph und Voßkuhle, Andreas (2003), »Die deutsche Staatsrechtswissenschaft im Zusammenhang der internationalisierten Wissenschaften – Beobachtungen, Vermutungen, Thesen«, in: *Die Verwaltung* 36 (3), S. 321-332.
Möllers, Christoph (2003), »Verfassung – Verfassunggebung – Konstitutionalisierung – Begriffe der Verfassung in Europa«, in: *Europäisches Verfassungsrecht*, hg. v. Armin von Bogdandy, Heidelberg/New York: Springer, S. 1-57.

Möllers, Christoph (2004a), »Der Methodenstreit als politischer Generationenkonflikt – Ein Beitrag zum Verständnis der Weimarer Staatsrechtslehre«, in: *Der Staat* 43, S. 399-424.

Möllers, Christoph (2004b), »Historisches Wissen in der Verwaltungsrechtswissenschaft«, in: *Methodik der Verwaltungsrechtswissenschaft*, hg. v. Wolfgang Hoffmann-Riem und Eberhard Schmidt-Aßmann, Baden-Baden: Nomos, S. 133-166.

Möllers, Christoph (2005a), *Gewaltengliederung: Legitimation und Dogmatik im nationalen und internationalen Rechtsvergleich*, Tübingen: Mohr Siebeck.

Möllers, Christoph (2005b), »Transnationale Behördenkooperation. Verfassungs- und völkerrechtliche Probleme transnationaler administrativer Standardsetzung«, in: *Zeitschrift für ausländisches öffentliches Recht und Völkerrecht* 65 (2), S. 351-389.

Möllers, Christoph (2006a[5]), Art. »Allgemeine Staatslehre«, in: *Evangelisches Staatslexikon*, hg. v. Werner Heun, Martin Honecker, Martin Morlok und Joachim Wieland, Stuttgart: Kohlhammer.

Möllers, Christoph (2006b), »Vorüberlegungen zu einer Wissenschaftstheorie des öffentlichen Rechts«, in: *Rechtswissenschaftstheorie*, hg. v. Matthias Jestaedt und Oliver Lepsius, Tübingen: Mohr Siebeck.

Morlok, Martin (1988), *Was heißt und zu welchem Ende studiert man Verfassungstheorie?*, Berlin: Duncker & Humblot.

Murswiek, Dietrich (1993), »Maastricht und der pouvoir constituant«, in: *Der Staat* 32, S. 161-190.

Nawiasky, Hans (1945-1948), *Allgemeine Staatslehre*, Bd. 1-4, Einsiedeln u. a.: Benziger.

Nawiasky, Hans (1950), *Die Grundgedanken des Grundgesetzes für die Bundesrepublik Deutschland*, Stuttgart: Kohlhammer.

Nawiasky, Hans (1955), »Der deutsche Staat im Jahre 1945 und seither«, Diskussionsbeitrag in: *Veröffentlichungen der Vereinigung deutscher Staatsrechtslehrer* 13, S. 64-67.

Nettesheim, Martin (2000), »Von der Verhandlungsdiplomatie zur internationalen Verfassungsordnung: Überlegungen zum Entwicklungsstand des internationalen Wirtschaftsrechts«, in: *Jahrbuch für Neue Politische Ökonomie* 19, S. 205-208.

Neumann, Volker (1992), *Freiheitsgefährdung im kooperativen Sozialstaat: Rechtsgrundlagen und Rechtsformen der Finanzierung der freien Wohlfahrtspflege*, Köln: Heymann.

Nipperdey, Thomas (1992), *Deutsche Geschichte 1866-1918: Machtstaat vor der Demokratie*, Bd. 2, München: Beck.

Nolte, Ernst (1985[2]), *Deutschland und der kalte Krieg*, Stuttgart: Klett-Cotta.

Oberreuter, Heinrich (1978), *Notstand und Demokratie: Vom monarchischen Obrigkeits- zum demokratischen Rechtsstaat*, München: Vogel.

Obinger, Herbert, Leibfried, Stephan und Castles, Francis G. (2005), »Beipässe für ein ›soziales Europa‹: Lehren aus der Geschichte des westlichen Föderalismus«, in: *Der Staat* 44, S. 505-542.

Oeter, Stefan (1998a), »Erprobung der Konstitutionellen Politischen Ökonomie an Einzelfragen – Föderalismus«, in: *Öffentliches Recht als ein Gegenstand ökonomischer Forschung*, hg. v. Christoph Engel, Tübingen: Mohr Siebeck, S. 119-155.

Oeter, Stefan (1998b), *Integration und Subsidiarität im deutschen Bundesstaatsrecht: Untersuchungen zur Bundesstaatstheorie unter dem Grundgesetz*, Tübingen: Mohr Siebeck.

Oexle, Otto Gerhard (1984), »Sozialgeschichte – Begriffsgeschichte – Wissenschaftsgeschichte«, in: *Vierteljahreshefte für Sozial- und Wirtschaftsgeschichte* 71, S. 305-341.

Otto, Volker (1971), *Das Staatsverständnis des Parlamentarischen Rates*, Bonn-Bad Godesberg: Kommission für die Geschichte des Parlamentarismus und der politischen Parteien.

Paulus, Andreas (2000), *Die internationale Gemeinschaft im Völkerrecht: Eine Untersuchung zur Entwicklung des Völkerrechts im Zeitalter der Globalisierung*, München: Beck.

Pauly, Walter (1993), *Der Methodenwandel im deutschen Spätkonstitutionalismus: Zur Geschichte des Verfassungsstaats in Deutschland*, München: Isar Verlag.

Pauly, Walter (2007), »Wissenschaft vom Verfassungsrecht: Deutschland«, in: *Handbuch Ius Publicum Europaeum*, hg. v. Armin von Bogdandy, Peter Michael Huber und Pedro Cruz Villalón, Bd. 2, Heidelberg: C.F. Müller, § 27.

Pernice, Ingolf (2001), »Europäisches und nationales Verfassungsrecht«, in: *Veröffentlichungen der Vereinigung deutscher Staatsrechtslehrer* 60, S. 148-194.

Peters, Hans (1954), »Der Streit um die 131er-Entscheidung des Bundesverfassungsgerichts«, in: *Juristenzeitung* 9 (19), S. 589-597.

Peters, Hans (1965), »Öffentliche und staatliche Aufgaben«, in: *Festschrift für Hans Carl Nipperdey zum 70. Geburtstag am 21. Januar 1965*, hg. v. Rolf Dietz und Heinz Hübner, Bd. 2, München/Berlin: Beck, S. 877-895.

Pietzcker, Jost (1997), »Das Verwaltungsrechtsverhältnis – archimedischer Punkt oder Münchhausens Zopf«, in: *Die Verwaltung* 30 (3), S. 281-299.

Preuß, Hugo (1889), *Gemeinde, Staat und Reich als Gebietskörperschaften: Versuch einer deutschen Staatskonstruktion auf Grundlage der Genossenschaftstheorie*, Berlin: Springer.

Preuß, Ulrich K. (1969), *Zum staatsrechtlichen Begriff des Öffentlichen untersucht am Beispiel des verfassungsrechtlichen Status kultureller Organisationen*, Stuttgart: Klett-Cotta.

Preuß, Ulrich K. (1979), *Die Internalisierung des Subjekts. Zur Kritik der Funktionsweise des subjektiven Rechts*, Frankfurt am Main: Suhrkamp.

Quaritsch, Helmut (1962), »Kirchen und Staat. Verfassungs- und staatstheoretische Probleme der Staatskirchenrechtlichen Lehre der Gegenwart«, in: *Der Staat* 1 (2), S. 175-197 und (3), S. 289-320.

Quaritsch, Helmut (1970), *Staat und Souveränität*, Frankfurt am Main: Athenäum.

Quaritsch, Helmut (1994), »Standort und Aufgaben der Staatslehren heute«, in: *Verfassung und Verwaltung. Festschrift für Kurt G. A. Jeserich zum 90. Geburtstag*, hg. v. Helmut Neuhaus, Köln u. a.: Böhlau, S. 355-369.

Randelzhofer, Albrecht (1991), »Das Grundgesetz unter Vorbehalt? Zum neuen Art. 146 GG«, in: *Deutsche Wiedervereinigung*, hg. v. Klaus Stern, Bd. 1, Köln: Heymann, S. 141-157.

Raphael, Lutz (2000), *Recht und Ordnung: Herrschaft durch Verwaltung im 19. Jahrhundert*, Frankfurt am Main: Fischer.

Reimann, Mathias (1993), *Historische Rechtsschule und Common Law: Die deutsche Rechtswissenschaft des 19. Jahrhunderts im amerikanischen Rechtsdenken*, Berlin: Duncker & Humblot.

Ress, Georg (1990), »Staatszwecke im Verfassungsstaat – nach 40 Jahren Grundgesetz«, in: *Veröffentlichungen der Vereinigung deutscher Staatsrechtslehrer* 48, S. 56-119.

Riecken, Jörg (2003), *Verfassungsgerichtsbarkeit in der Demokratie*, Berlin: Duncker & Humblot.

Rinken, Alfred (1971), *Das Öffentliche als verfassungstheoretisches Problem dargestellt am Rechtsstatus der Wohlfahrtsverbände*, Berlin: Duncker & Humblot.

Ritter, Ernst-Hasso (1979), »Der kooperative Staat«, in: *Archiv des öffentlichen Rechts* 104 (3), S. 389-414.

Roellecke, Gerd (1987), »Staatsrechtslehre und politische Situation der Bundesrepublik im Spiegel der Schriften von Konrad Hesse und Günther Dürig«, in: *Der Staat* 26, S. 95-102.

Röhl, Hans Christian (1996), »Staatliche Verantwortung in Kooperationsstrukturen«, in: *Die Verwaltung* 29 (4), S. 487-510.

Roth, Wulf-Henning (1977), *Freier Warenverkehr und staatliche Regelungsgewalt in einem gemeinsamen Markt*, München: Beck.

Rupp, Hans-Heinrich (1963), *Privateigentum an Staatsfunktionen? Eine kritische Untersuchung am Beispiel der Technischen Überwachungsvereine*, Tübingen: Mohr Siebeck.

Ruffert, Matthias (2004), *Die Globalisierung als Herausforderung an das öffentliche Recht*, Stuttgart: Boorberg.

Rüthers, Bernd (1968), *Die unbegrenzte Auslegung*, Tübingen: Mohr Siebeck.

Sandalow, Terence und Stein, Eric (1982), »On the Two Systems: An Overview«, in: *Courts and Free Markets: Perspectives from the United States and Europe*, hg. v. Terence Sandalow und Eric Stein, Oxford: Oxford University Press, S. 3-43.

Schaal, Gary S. (2004), *Vertrauen, Verfassung und Demokratie*, Wiesbaden: VS Verlag für Sozialwissenschaften.

Scharpf, Fritz W. (1985), »Die Politikverflechtungs-Falle: Integration und deutscher Föderalismus im Vergleich«, in: *Politische Vierteljahresschrift* 26 (4), S. 323-356.

Scherzberg, Arno (2004), »Risikosteuerung durch Verwaltungsrecht: Ermöglichung oder Begrenzung von Innovationen«, in: *Veröffentlichungen der Vereinigung deutscher Staatsrechtslehrer* 63, S. 214-263.

Scheuing, Dieter H. (1994), »Europarechtliche Impulse für innovative Ansätze im deutschen Verwaltungsrecht«, in: *Innovation und Flexibilität des Verwaltungshandelns*, hg. v. Wolfgang Hoffmann-Riem und Eberhard Schmidt-Aßmann, Baden-Baden: Nomos, S. 289-354.

Scheuner, Ulrich (1927), »Über die verschiedenen Gestaltungen des parlamentarischen Regierungssystems. Zugleich eine Kritik der Lehre vom echten Parlamentarismus«, in: *Archiv des öffentlichen Rechts* 52 (2), S. 209-233.

Scheuner, Ulrich (1950), »Der Verfassungsschutz im Bonner Grundgesetz«, in: *Um Recht und Gerechtigkeit. Festgabe für Erich Kaufmann zu seinem 70. Geburtstage*, hg. v. Hermann Jahrreiß, Stuttgart: Kohlhammer, S. 313-330.

Scheuner, Ulrich (1955), »Der deutsche Staat im Jahre 1945 und seither«, in: *Veröffentlichungen der Vereinigung deutscher Staatsrechtslehrer* 13, S. 67-70.

Scheuner, Ulrich (1972), »Staatszielbestimmungen«, in: *Festschrift für Ernst Forsthoff zum 70. Geburtstag*, hg. v. Roman Schnur, München: Beck, S. 325-346.

Scheuner, Ulrich (1974), »Zwei Darstellungen der Allgemeinen Staatslehre«, in: *Der Staat* 13, S. 527-535.

Schilling, Theodor (1991), »Die deutsche Verfassung und die europäische Einigung«, in: *Archiv des öffentlichen Rechts* 116 (1), S. 32-70.

Schlink, Bernhard (1977), *Abwägung im Verfassungsrecht*, Berlin: Duncker & Humblot.

Schlink, Bernhard (1989), »Die Entthronung der Staatsrechtswissenschaft durch die Verfassungsgerichtsbarkeit«, in: *Der Staat* 28, S. 161-172.

Schlink, Bernhard (1990), »Die Bewältigung der wissenschaftlichen und technischen Entwicklung durch das Verwaltungsrecht«, in: *Veröffentlichungen der Vereinigung deutscher Staatsrechtslehrer* 48, S. 235-261.

Schlink, Bernhard (2003), »Sommer 1970. Kleine Bewältigung einer kleinen Vergangenheit«, in: *Merkur* 57 (656), S. 1121-1134.

Schlink, Bernhard (2007), »Abschied von der Dogmatik. Verfassungsrechtsprechung und Verfassungsrechtswissenschaft im Wandel«, in: *Juristenzeitung* 62, S. 157-162.

Schluchter, Wolfgang (1983²), *Entscheidung für den sozialen Rechtsstaat*, Baden-Baden: Nomos.
Schmidt, Walter (1962), »Das Verhältnis von Bund und Ländern im demokratischen Bundesstaat des Grundgesetzes«, in: *Archiv des öffentlichen Rechts* 87 (3), S. 253-296.
Schmidt, Walter (1973), »Rechtswissenschaft und Verwaltungswissenschaft«, in: *Rechtswissenschaft und Nachbarwissenschaften*, hg. v. Dieter Grimm, Bd. 1, München: Beck, S. 89-106.
Schmidt, Walter (1975), »Organisierte Einwirkungen auf die Verwaltung. Zur Lage der zweiten Gewalt«, in: *Veröffentlichungen der Vereinigung deutscher Staatsrechtslehrer* 33, S. 183-221.
Schmidt, Walter (1976), »Die Entscheidungsfreiheit des Einzelnen zwischen gesellschaftlicher Macht und staatlicher Herrschaft«, in: *Archiv des öffentlichen Rechts* 101 (1), S. 24-46.
Schmidt, Walter (1982), *Einführung in die Probleme des Verwaltungsrechts*, München: Beck.
Schmidt-Aßmann, Eberhard (1976), »Verwaltungsverantwortung und Verwaltungsgerichtsbarkeit«, in: *Veröffentlichungen der Vereinigung deutscher Staatsrechtslehrer* 34, S. 221-275.
Schmidt-Aßmann, Eberhard (1987), »Der Rechtsstaat«, in: *Handbuch des Staatsrechts der Bundesrepublik Deutschland*, hg. v. Josef Isensee und Paul Kirchhof, Bd. 1, Heidelberg: Müller, S. 987-1044.
Schmidt-Aßmann, Eberhard (1991), »Verwaltungslegitimation als Rechtsbegriff«, in: *Archiv des öffentlichen Rechts* 116 (3), S. 329-391.
Schmidt-Aßmann, Eberhard und Hoffmann-Riem, Wolfgang, Hg., (1996), *Öffentliches Recht und Privatrecht als wechselseitige Auffangordnungen*, Baden-Baden: Nomos.
Schmidt-Aßmann, Eberhard (1996), »Verwaltungskooperation und Verwaltungskooperationsrecht in der Europäischen Gemeinschaft«, in: *Europarecht* 31 (3), S. 270-301.
Schmidt-Aßmann, Eberhard (1997), »Verwaltungsorganisationsrecht als Steuerungsressource«, in: *Verwaltungsorganisationsrecht als Steuerungsressource*, hg. v. Eberhard Schmidt-Aßmann und Wolfgang Hoffmann-Riem, Baden-Baden: Nomos, S. 9-65.
Schmidt-Aßmann, Eberhard (2004²), *Das Allgemeine Verwaltungsrecht als Ordnungsidee: Grundlagen und Aufgaben der verwaltungsrechtlichen Systembildung*, Berlin: Springer.
Schmidt-Aßmann, Eberhard (2006), »Die Herausforderung der Verwaltungsrechtswissenschaft durch die Internationalisierung der Verwaltungsbeziehungen«, in: *Der Staat* 46, S. 315-338.

Schmidt-De Caluwe, Reimund (1999), *Der Verwaltungsakt in der Lehre Otto Mayers*, Tübingen: Mohr Siebeck.

Schmidt-Preuß, Matthias (1992), *Kollidierende Privatinteressen im Verwaltungsrecht: Das subjektive öffentliche Recht im multipolaren Verwaltungsrechtsverhältnis*, Berlin: Duncker & Humblot.

Schmidt-Preuß, Matthias (1997), »Verwaltung und Verwaltungsrecht zwischen gesellschaftlicher Selbstregulierung und staatlicher Steuerung«, in: *Veröffentlichungen der Vereinigung deutscher Staatsrechtslehrer* 56, S. 160-234.

Schmitt Glaeser, Walter (1973), »Partizipation an Verwaltungsentscheidungen«, in: *Veröffentlichungen der Vereinigung deutscher Staatsrechtslehrer* 31, S. 179-266.

Schmitt, Carl (1954), *Verfassungslehre*, Berlin: Duncker & Humblot.

Schmitt, Carl (1931), *Der Hüter der Verfassung*, Tübingen: Mohr Siebeck.

Schmitt, Carl (1963), *Der Begriff des Politischen: Text von 1932 mit einem Vorwort und drei Corollarien*, Berlin: Duncker & Humblot.

Schmitt, Carl (1967), »Die Tyrannei der Werte«, in: *Säkularisation und Utopie. Ebracher Studien. Ernst Forsthoff zum 65. Geburtstag*, hg. v. Sergius Buve, Stuttgart: Kohlhammer, S. 37-62.

Schneider, Hans (1950), »Kabinettsfrage und Gesetzgebungsnotstand nach dem Bonner Grundgesetz«, in: *Veröffentlichungen der Vereinigung deutscher Staatsrechtslehrer* 8, S. 21-55.

Schneider, Hans (1951), *Gerichtsfreie Hoheitsakte: Ein rechtsvergleichender Beitrag über die Grenzen richterlicher Nachprüfbarkeit von Hoheitsakten*, Tübingen: Mohr Siebeck.

Schnur, Roman (1973), *Individualismus und Absolutismus*, Berlin: Duncker & Humblot.

Schnur, Roman, Hg., (1975), *Staatsräson – Studien zur Geschichte eines politischen Begriffs*, Berlin: Duncker & Humblot.

Scholz, Rupert (1976), »Verwaltungsverantwortung und Verwaltungsgerichtsbarkeit«, in: *Veröffentlichungen der Vereinigung deutscher Staatsrechtslehrer* 34, S. 145-220.

Schönberger, Christoph (1997), *Das Parlament im Anstaltsstaat: Zur Theorie parlamentarischer Repräsentanten in der Staatslehre des Kaiserreichs (1871-1918)*, Frankfurt am Main: Klostermann.

Schönberger, Christoph (1999), »Der ›Staat‹ der Allgemeinen Staatslehre: Anmerkungen zu einer eigenwilligen Disziplin im Vergleich mit Frankreich«, in: *Eine deutsch-französische Rechtswissenschaft?/Une science juridique franco-allemande?*, hg. v. Olivier Beaud und Erik Volkmar Heyen, Baden-Baden: Nomos, S. 111-137.

Schönberger, Christoph (2001), »Die überholte Parlamentarisierung«, in: *Historische Zeitschrift* 272, S. 623-666.

Schönberger, Christoph (2004), »Die Europäische Union als Bund: Zugleich ein

Beitrag zur Verabschiedung des Staatenbund-Bundesstaat-Schemas«, in: *Archiv des öffentlichen Rechts* 129 (1), S. 81-120.

Schönberger, Christoph (2006a), *Unionsbürger: Europas föderales Bürgerrecht in vergleichender Sicht*, Tübingen: Mohr Siebeck.

Schönberger, Christoph (2006b), »Verwaltungsrecht als konkretisiertes Verfassungsrecht«, in: *Das Bonner Grundgesetz: Altes Recht und neue Verfassung (1949-1969)*, hg. v. Michael Stolleis, Berlin: Berliner Wissenschaftsverlag.

Schröder, Meinhard (1978), »Staatsrecht an den Grenzen des Rechtsstaats«, in: *Archiv des öffentlichen Rechts* 103 (2), S. 121-148.

Schulze-Fielitz, Helmuth (1990a), »Staatsaufgabenentwicklung und Verfassung. Zur normativen Kraft der Verfassung für das Wachstum und die Begrenzung von Staatsaufgaben«, in: *Wachsende Staatsaufgaben – sinkende Steuerungsfähigkeit des Rechts*, hg. v. Dieter Grimm, Baden-Baden: Nomos, S. 11-47.

Schulze-Fielitz, Helmuth (1990b), »Staatszwecke im Verfassungsstaat – 40 Jahre Grundgesetz. Eine Nachbetrachtung zur Staatsrechtslehrertagung 1989«, in: *Staatswissenschaften und Staatspraxis* 1 (2), S. 223-240.

Schulze-Fielitz, Helmuth (1999), »Grundsatzkontroversen in der deutschen Staatsrechtslehre nach 50 Jahren Grundgesetz«, in: *Die Verwaltung* 32 (2), S. 241-282.

Schulze-Fielitz, Helmuth, Hg., (2007), *Staatsrechtslehre als Wissenschaft* (= *Die Verwaltung*, Beiheft 7), Berlin: Duncker & Humblot.

Schuppert, Gunnar Folke (1989), »Zur Neubelebung der Staatsdiskussion oder ›Bringing the State Back In?‹«, in: *Der Staat* 28, S. 91-104.

Schuppert, Gunnar Folke (1991), »Diskurse über Staat und Verwaltung«, in: *Staatswissenschaft und Staatspraxis* 2 (1), S. 122-147.

Schuppert, Gunnar Folke (1993a), »Verfassungsrecht und Verwaltungsorganisation«, in: *Der Staat* 32, S. 581-610.

Schuppert, Gunnar Folke (1993b), »Verwaltungsrechtswissenschaft als Steuerungswissenschaft«, in: *Reform des Allgemeinen Verwaltungsrechts – Grundfragen*, hg. v. Wolfgang Hoffmann-Riem und Eberhard Schmidt-Aßmann, Baden-Baden: Nomos, S. 65-114.

Schuppert, Gunnar Folke (1995), »Rückzug des Staates? Zur Rolle des Staates zwischen Legitimationskrise und politischer Neubestimmung«, in: *Die Öffentliche Verwaltung* 48 (18), S. 761-770.

Schuppert, Gunnar Folke (1998), »Geändertes Staatsverständnis als Grundlage des Organisationswandels öffentlicher Aufgabenwahrnehmung«, in: *Organisationswandel öffentlicher Aufgabenwahrnehmung*, hg. v. Dietrich Budäus, Baden-Baden: Nomos, S. 19-59.

Schuppert, Gunnar Folke und Bumke, Christian (2000), *Die Konstitutionalisierung der Rechtsordnung: Überlegungen zum Verhältnis von verfassungsrechtlicher Ausstrahlwirkung und Eigenständigkeit des »einfachen« Rechts*, Baden-Baden: Nomos.

Schuppert, Gunnar Folke (2003), *Staatswissenschaft*, Baden-Baden: Nomos.
Schuppert, Gunnar Folke, Hg., (2005), *Governance-Forschung: Vergewisserung über Stand und Entwicklungslinien*, Baden-Baden: Nomos.
Schwan, Alexander (1987), »Verfassungspatriotismus und nationale Frage. Einige Überlegungen zum Verhältnis von deutschem Staats- und Nationalbewusstsein«, in: *Zum Staatsverständnis der Gegenwart*, hg. v. Manfred Hättich, München: Olzog, S. 85-100.
Siebert, Wolfgang (1956), *Technische Überwachungsvereine und Dampfkesselüberwachungsvereine: Rechtsnatur, Identität und Rechtsnachfolge. Rechtsgutachten erstellt im Auftrag der Technischen Überwachungs-Vereine*, Essen: Vereinigung der Technischen Überwachungsvereine.
Simon, Dieter (1975), *Die Unabhängigkeit des Richters*, Darmstadt: Wissenschaftliche Buchgesellschaft.
Slaughter, Anne-Marie (2004), *A New World Order*, Princeton: Princeton University Press.
Smend, Rudolf (1927/1994), »Verfassung und Verfassungsrecht«, in: Ders., *Staatsrechtliche Abhandlungen und andere Aufsätze*, Berlin: Duncker & Humblot.
Smend, Rudolf (1928), »Das Recht der freien Meinungsäußerung«, in: *Veröffentlichungen der Vereinigung deutscher Staatsrechtslehrer* 4, S. 44-74.
Söllner, Alfons (1990), »Vom Staatsrecht zur ›political science‹? Die Emigration deutscher Wissenschaftler nach 1933. Ihr Einfluss auf die Transformation einer Disziplin«, in: *Politische Vierteljahresschrift* 31 (4), S. 627-654.
Sontheimer, Kurt (1963), *Politische Wissenschaft und Staatsrechtslehre*, Freiburg im Breisgau: Rombach.
Speidel, Reiner (1964), *Der Begriff der Staatsnotstandslagen und die Möglichkeit ihrer Abwehr in der Bundesrepublik Deutschland*, Diss. Tübingen.
Starck, Christian (2005), »Allgemeine Staatslehre in Zeiten der Europäischen Union«, in: *Weltinnenrecht: liber amicorum Jost Delbrück*, hg. v. Klaus Dicke, Berlin: Duncker & Humblot, S. 711-726.
Steinberg, Rudolf (1971), *Staatslehre und Interessenverbände: Interessenverbände im Spiegel amerikanischer und deutscher Literatur und Rechtsprechung. Eine kritische Gegenüberstellung*, Freiburg im Breisgau: Krause.
Stern, Klaus, Hg., (1991), *Deutsche Wiedervereinigung*, Bd. 1-4, Köln: Heymann.
Sternberger, Dolf (1990^2), »Verfassungspatriotismus«, in: Ders., *Schriften*, Bd. 5, Frankfurt am Main: Insel, S. 13-17.
Stolleis, Michael (1989), »Die Entstehung des Interventionsstaates und das öffentliche Recht«, in: *Zeitschrift für Neuere Rechtsgeschichte* 11, S. 129-147.
Stolleis, Michael (1992), *Geschichte des öffentlichen Rechts in Deutschland, Staatsrechtslehre und Verwaltungswissenschaft: 1800-1914*, Bd. 2, München: Beck.
Stolleis, Michael (1999), *Geschichte des öffentlichen Rechts in Deutschland, Staats-*

und Verwaltungsrechtswissenschaft in Republik und Diktatur: 1914-1945, Bd. 3, München: Beck.
Sunstein, Cass (2007), *Gesetze der Angst*, Frankfurt am Main: Suhrkamp.
Taupitz, Jochen (1991), *Die Standesordnungen der freien Berufe: Geschichtliche Entwicklung, Funktionen, Stellung im Rechtssystem*, Berlin: de Gruyter.
Teubner, Gunther (1984), »Das Regulatorische Trilemma: Zur Diskussion um post-instrumentale Rechtsmodelle«, in: *Quaderni Fiorentini* 13, S. 109-149.
Teubner, Gunther und Willke, Hellmuth (1984), »Kontext und Autonomie: Gesellschaftliche Selbststeuerung durch reflexives Recht«, in: *Zeitschrift für Rechtssoziologie* 6 (1), S. 4-35.
Thoma, Richard (1948), *Grundriß der Allgemeinen Staatslehre*, Bonn: Dümmler.
Tiemann, Burkhard (1977), »Verfassungsrechtliche und finanzwirtschaftliche Aspekte der Entstaatlichung öffentlicher Leistungen«, in: *Der Staat* 16, S. 171-200.
Tietje, Christian (2001), *Internationalisiertes Verwaltungshandeln*, Berlin: Duncker & Humblot.
Tietz, Edwin (1954), »Sind am 8. Mai 1945 alle Beamtenverhältnisse erloschen?«, in: *Neue Juristische Wochenschrift* 7 (35), S. 1269-1273.
Tomuschat, Christian (1964), *Die gerichtliche Vorabentscheidung nach den Verträgen über die europäischen Gemeinschaften*, Köln: Heymann.
Triepel, Heinrich (1899), *Völkerrecht und Landesrecht*, Leipzig: Hirschfeld.
Triepel, Heinrich (1917), *Unitarismus und Föderalismus im Deutschen Reiche: Eine staatsrechtliche und politische Studie*, Tübingen: Mohr Siebeck.
Trute, Hans-Heinrich (1996), »Die Verwaltung und das Verwaltungsrecht zwischen gesellschaftlicher Selbstregulierung und staatlicher Steuerung«, in: *Deutsches Verwaltungsblatt* 111 (17), S. 950-964.
Trute, Hans-Heinrich (1997), »Funktionen der Organisation und ihre Abbildung im Recht, in: *Verwaltungsorganisationsrecht als Steuerungsressource*, hg. v. Eberhard Schmidt-Aßmann und Wolfgang Hoffmann-Riem, Baden-Baden: Nomos, S. 249-295.
Trute, Hans-Heinrich (1999a), »Das Polizei- und Ordnungsrecht im Spiegel der Rechtsprechung«, in: *Die Verwaltung* 32 (1), S. 73-96.
Trute, Hans-Heinrich (1999b), »Die Erosion des klassischen Polizeirechts durch die polizeiliche Informationsvorsorge«, in: *Rechtstheorie und Rechtsdogmatik im Austausch. Gedächtnisschrift für Bernd Jeand'Heur*, hg. v. Wilfried Erbguth, Friedrich Müller und Volker Neumann, Berlin: Duncker & Humblot, S. 403-428.
Trute, Hans-Heinrich, Denkhaus, Wolfgang und Kühlers, Doris (2004), »Governance in der Verwaltungsrechtswissenschaft«, in: *Die Verwaltung* 37 (4), S. 451-473.
Tully, James (1995), *Strange Multiplicity*, Cambridge: Cambridge University Press.

Uhle, Arndt (2005), *Freiheitlicher Verfassungsstaat und kulturelle Identität*, Tübingen: Mohr Siebeck.
Vec, Miloš (2003), »Kurze Geschichte des Technikrechts. Von den Anfängen bis zum Ersten Weltkrieg«, in: *Handbuch des Technikrechts*, hg. v. Martin Schulte, Berlin: Springer, S. 3-60.
Vereinigung der Deutschen Staatsrechtslehrer (1964), »Empfehlungen der Vereinigung der Deutschen Staatsrechtslehrer zu der Frage, in welcher Form sich die Juristischen Fakultäten in Forschung und Lehre an der Pflege der Wissenschaften von der Politik beteiligen sollen«, in: *Archiv des öffentlichen Rechts* 89 (4), S. 485-486.
Vereinigung der Deutschen Staatsrechtslehrer (1967), »Gemeinsame Empfehlungen der Vereinigung der Deutschen Staatsrechtslehrer und der Deutschen Vereinigung für politische Wissenschaft zum Verhältnis zwischen der Staatsrechtswissenschaft und der Wissenschaft von der Politik«, in: *Archiv des öffentlichen Rechts* 92 (4), S. 542-543.
Vesting, Thomas (2001), »Kein Anfang und kein Ende: Die Systemtheorie des Rechts als Herausforderung für Rechtswissenschaft und Rechtsdogmatik«, in: *Juristische Ausbildung* 23 (5), S. 299-305.
Vogel, Klaus (1964), *Die Verfassungsentscheidung des Grundgesetzes für eine internationale Zusammenarbeit: Ein Diskussionsbeitrag zu einer Frage der Staatstheorie sowie des geltenden deutschen Staatsrechts*, Tübingen: Mohr Siebeck.
Voigt, Rüdiger, Hg., (1992), *Abschied vom Staat – Rückkehr zum Staat*, Baden-Baden: Nomos.
Volkmann, Hans-Erich (1990), »Die innenpolitische Dimension Adenauerscher Sicherheitspolitik«, in: *Anfänge westdeutscher Sicherheitspolitik*, hg. vom Militärgeschichtlichen Forschungsamt, Bd. 2, München: Oldenbourg, S. 235-604.
Voßkuhle, Andreas (1994), »Verwaltungsdogmatik und Rechtstatsachenforschung«, in: *Verwaltungsarchiv* 85 (4), S. 567-585.
Voßkuhle, Andreas (2001a), »›Schlüsselbegriffe‹ der Verwaltungsrechtsreform«, in: *Verwaltungsarchiv* 92 (2), S. 184-215.
Voßkuhle, Andreas (2001b), »Der ›Dienstleistungsstaat‹«, in: *Der Staat* 40, S. 495-523.
Voßkuhle, Andreas (2003), »Beteiligung Privater an der Wahrnehmung öffentlicher Aufgaben und staatliche Verantwortung«, in: *Veröffentlichungen der Vereinigung deutscher Staatsrechtslehrer* 62, S. 266-336.
Voßkuhle, Andreas (2004), »Die Renaissance der ›Allgemeinen Staatslehre‹ im Zeitalter der Europäisierung und Internationalisierung«, in: *Juristische Schulung* 44 (1), S. 2-7.
Voßkuhle, Andreas (2006), »Neue Verwaltungsrechtswissenschaft«, in: *Grundla-*

gen des Verwaltungsrechts, hg. v. Wolfgang Hoffmann-Riem, Eberhard Schmidt-Aßmann und Andreas Voßkuhle, Bd. 1, München: Beck, S. 1-61.

Wahl, Rainer (2002), »Konstitutionalisierung – Leitbegriff oder Allerweltsbegriff?«, in: *Der Wandel des Staates vor den Herausforderungen der Gegenwart: Festschrift für Winfried Brohm zum 70. Geburtstag*, hg. v. Carl-Eugen Eberle, München: Beck, S. 191-207.

Wahl, Rainer (2006), *Herausforderungen und Antworten: Das Öffentliche Recht der letzten fünf Jahrzehnte*, Berlin: de Gruyter.

Walter, Christian (2001), »Constitutionalizing (Inter)national Governance«, in: *German Yearbook of International Law* 44, S. 170-201.

Walter, Christian (2005), »Internationalisierung des deutschen und europäischen Verwaltungsverfahrens- und Verwaltungsprozeßrechts – am Beispiel der Aarhus-Konvention«, in: *Europarecht* 40 (3), S. 302-338.

Weber, Max (1918), »Regierung und Parlament im neugeordneten Deutschland«, in: Ders., *Gesammelte Politische Schriften*, Tübingen: Mohr Siebeck (1988^5).

Weber, Werner (1949), *Weimarer Verfassung und Bonner Grundgesetz*, Göttingen: Fleischer.

Weber, Werner (1958^2), *Spannungen und Kräfte im westdeutschen Verfassungssystem*, Stuttgart: Vorwerk.

Weber, Werner (1964), »Die Gegenwartslage des Staatskirchenrechts«, in: *Veröffentlichungen der Vereinigung deutscher Staatsrechtslehrer* 11, S. 153-177.

Weber, Werner (1970^3), *Spannungen und Kräfte im westdeutschen Verfassungssystem*, Berlin: Duncker & Humblot.

Werhahn, Herbert (1957), »Das Gesetz als Norm und Maßnahme«, in: *Veröffentlichungen der Vereinigung deutscher Staatsrechtslehrer* 15, S. 35-66.

Weichlein, Siegfried (2004), *Nation und Region. Integrationsprozesse im Bismarckreich*, Düsseldorf: Droste.

Wiederin, Ewald (1992), »Die Verfassunggebung im wiedervereinigten Deutschland«, in: *Archiv des öffentlichen Rechts* 117 (3), S. 410-448.

Wiegandt, Manfred H. (1995), *Norm und Wirklichkeit: Gerhard Leibholz (1901-1982) – Leben, Werk und Richteramt*, Baden-Baden: Nomos.

Wilhelm, Walter (1958), *Zur juristischen Methodenlehre im 19. Jahrhundert: Die Herkunft der Methode Paul Labands aus der Privatrechtswissenschaft*, Frankfurt am Main: Klostermann.

Willke, Helmut (2001^3), *Systemtheorie III: Steuerungstheorie: Grundzüge einer Theorie der Steuerung komplexer Sozialsysteme*, Stuttgart: Lucious & Lucious.

Winkler, Günther (1966), »Staat und Verbände«, in: *Veröffentlichungen der Vereinigung deutscher Staatsrechtslehrer* 24, S. 34-79.

Witt, Peter-Christian (1983), »Kontinuität und Diskontinuität im politischen System der Weimarer Republik«, in: *Regierung, Bürokratie und Parlament in Preußen und Deutschland von 1848 bis zur Gegenwart*, hg. v. Gerhard A. Ritter, Düsseldorf: Droste, S. 117-148.

Zangl, Bernhard (2006), *Die Internationalisierung der Rechtsstaatlichkeit: Streitbeilegung in GATT und WTO*, Frankfurt am Main: Campus.

Zippelius, Reinhold (1999[13]), *Allgemeine Staatslehre: Politikwissenschaft. Ein Studienbuch*, München: Beck.

Suhrkamp Verlag GmbH
Torstraße 44, 10119 Berlin
info@suhrkamp.de
www.suhrkamp.de